SACRED PHILOSOPHY OF THE UNIVERSE

七つのコスモス

プロトコスモスからミクロコスモスまで―極限の宇宙哲学

Protocosmos
Ayocosmos
Macrocosmos
Deuterocosmos
Mesocosmos
Microcosmos

The Seven Cosmos

Kiyoshi Matsumura

目次

凡例

著者による注釈は（　）で囲みました。

編集部による注釈は〔　〕で囲みました。

α

はじめに

七つのコスモスは、ウスペンスキーの書籍に掲載されているグルジエフの宇宙論ですが、内容については、あまり説明されていません。このグルジエフの宇宙論ということでいうと、そもそも宇宙論は、客観的な原理でもあり、オリジナルとか、誰かの宇宙論というのは必要がありません。

ただ「道」はいくつかあり、それぞれの道で説かれている宇宙論が微妙に違うのは事実です。グレート・セントラル・サンは、だいたい九つあると説明していますが、この九つのグレート・セントラル・サンを道と考えるとよいでしょう。

グルジエフの宇宙論は、この九つの道のうちの一つであり、シリウスの道と言ってもいいかもしれません。シリウスは、グレート・セントラル・サンの一つです。カバラとか、道教とか、占星術とか、四柱推命とか、瞑想とか、チャクラ思想とかは、このシリウスの道に内包されたものです。というと、少し語弊がありますす。フラワー・オブ・ライフでは、道を示す「樹」は、互いに食い込んでいることが多く、九つのグレート・セントラル・サンも、互いに食い込んでいるのであり、単独の「道」を説明するのは困難です。七つのシステムは、伝統的に北斗七星やプレアデスも共有しており、これらはシリウスに食い込んでいます。

宇宙理論にオリジナルは必要ないと言いましたが、グルジエフの宇宙論も、グルジエフが考え出したものではなく、基本は、エソテリックから伝授されたもので、そこに時代にあわせて、グルジエフが「今風」に脚色しました。この脚色は時代が変化するとともに急速に廃れてしまうものなので、脚色を宇宙論本体と深く結びついていると考えないでください。脚色の一つは、今日的な科学理論などです。元素について説明している部分です。たぶんそれはあっというまに消えてしまいます。といっても、１００年以上はもつかもしれませんが。

グルジエフの七つのコスモス論は、グルジエフ独自の思想ではなく、グルジエフが従う「道」の基本システムです。たいへん興味深いので、わたしはずっと、この構造について考えており、結局それについてはじめて書いた本も、ウスペンスキーの『奇蹟を求めて』の翻訳の出版以前、グルジエフを知らない頃の、わたしが二十代の終わり頃です。翻訳本が出た後に、グルジエフの論に急速に引き寄せられたというところでしょうか。40年以上、ずっと興味を持ち続けているために、結局、これに一生取り組んでいると言ってもいいでしょう。

この宇宙は、もっとも大きな範囲において、七つのコスモスで構成されている。この一つのコスモスも、内部的に七つに分割できる。この七つのうちの一つも、また内部的に、七つに分割できるという構造です。

この宇宙の生命存在は、さまざまな振動密度のところに存在しています。大天使、天使、人間、脊椎動物、無脊椎動物と、さまざまな生命が並んでいますが、生命存在は、この七つのコスモスの模造でもあり（これをミクロコスモスと言う）、それぞれが、この大なる七つのコスモスの構造を内部的に再現しています。

大なる七つのコスモスには、上に絶体、すなわち無があり、下に絶体、すなわち無があります。無で括っているのだと言えます。生命存在も、この模型として、上に無があり、下に無があり、この中を、七つの区分に分けています。しかし範囲としては、七つのコスモスに比較すると、ずっと小さいものです。

たとえば、「人間」のカテゴリーに入っている生き物は、通常、地球上に住んでいる人間のことではなく、荘子のいう真人であり、仙人のことです。この場合、グルジエフの表では、上が恒星を示すH6で、下が動物磁気、濃いエーテル体のH96です。「人間」の肉体は、エーテル体でできており、地球の物質的肉体ではありません。このようなボディーは、アトランティス初期の人間の姿に似ています。その頃は、まったく物質的でない思念体というのも多く、現代の基準からすると、それは架空の存在です。現代の人間は、アトランティス初期の頃の存在の分割魂というか、細胞のようなものでしょうか。

「人間」は、上の無が恒星意識、下の無が濃密なエーテル体と言ってもいいでしょう。グルジエフの「生きとし生きるものの図表」では、この「人間」は、H6の恒星意識に、捕食されているのですが、つまりそこで、自我が消えて、無になると考えるといいでしょう。地球上に住む大多数の人

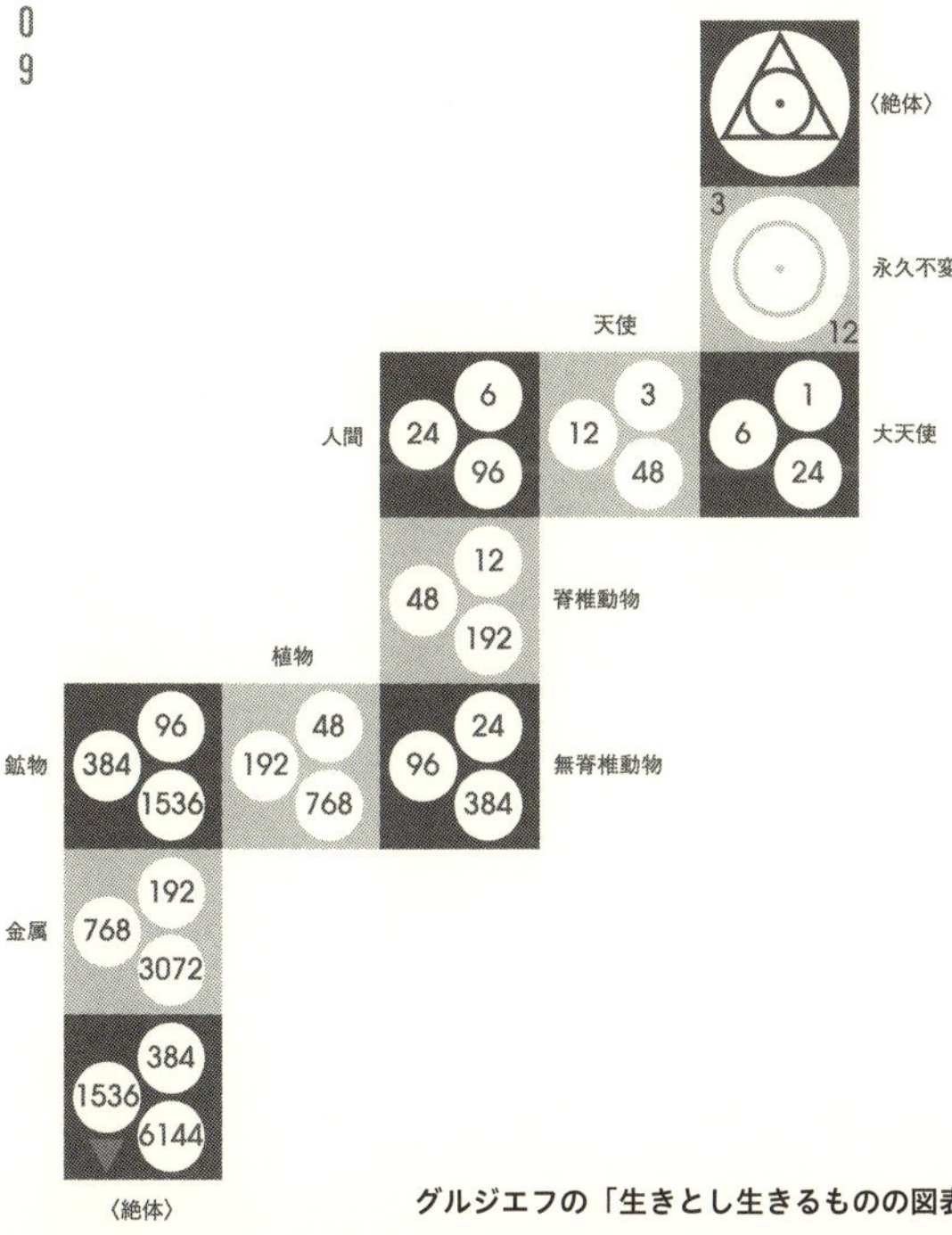

グルジエフの「生きとし生きるものの図表」

類は、この図表では脊椎動物に分類され、太陽を示すH12に捕食されていると言えます。つまり太陽系の腹の中にいるということです。そしてそれを意識化できません。そこは無だからです。そして、その先のマクロコスモスなどは、無の果て、知覚不可能な領域と言えます。

それぞれの生命存在が、自分の住んでいる特定の振動密度のエリアに生きることに満足しており、とりわけ、どの生命存在も内部では、大なる七つのコスモスの構造模写があるのならば、わざわざ、よそのエリアに行く必要性は感じないのではないでしょうか。宇宙の縮図が手元にあるからです。

いわゆるワンネスというのは、七つのコスモスのそれぞれの頂点にあるもので、つまり、七つのコスモスの各々内部も、一番上に無があり、一番下にも無があり、ワンネスは、それぞれのコスモスの頂点を示しています。たとえば、ヨガのチャクラは、人間の身体の中にある七つの区分ですが、頂点はサハスララ・チャクラであり、ここに無があると考えてもいいでしょう。肉体意識としての無です。

それまで維持していた、肉体内あるいは脳内にある思考、感情、思想、摂理、道徳などが、サハスララ・チャクラを突破するときに、無化されます。突破した先に、エーテル体の領域があるのですが、いままで見たこともないような世界であり、これは個人としてのトリトコスモス第7階層から、集団人間として一番小さなトリトコスモス第6階層に移動することになります。

このときも、人間個人の肉体世界から超越したワンネスに到達したと言えるわけです。肉体チャクラのサハスララ・チャクラを開発・突破したことは、とうてい悟りとは言えないのですが、しかし、物質世界に対しては、悟りを得たと言えます。実際多くの指導的な人が、この段階で、意識の覚醒をしたと主張しています。

むしろこのほうがわかりやすい。なぜならば、個人のエゴに閉じ込められたことから解放され、他者との共同、共感ができるからです。多くの人が個人に閉じ込められ、他の人とほとんど意志疎通できず、何を言っても、誤解したりされたりすることに苦しんでいることからすると、こういう指導者はもっと増えてほしいです。

現代の脳科学は、人間の思考、感情は全部脳が作り出していると考えますが、これは、肉体に閉じ込められた典型的な自閉症状況でもあり、肉体のサハスララ・チャクラを突破すると、思考や感情は、身体を突破して、広大なエーテル体のお皿の上に乗って働くようになり、生き生きしたダイナミックなものに変わります。慣れない間はパニックかもしれません。非個人的な思考や感情が働くようになり、いながらにして、多くのことを知るようになるし、なんといっても、偏見のないものの見方ができるのです。

こうしたいろんな宇宙の秘密というか、真実を知り、蛸壺の中で生きることから解放されるには、やはり、基本中の基本である、七つのコスモスを知ることが大切なのではないでしょうか。ここからさまざまなことが応用できるのです。

すべてのコスモス系に、この七つのコスモスの法則が通じているのかについては、たいへんに興味深いことです。多くのグレート・セントラル・サンが、この銀河の中にあります。それに比較して、アンドロメダM31は、この銀河とは異なる銀河です。にもかかわらず、この銀河もアンドロメダM31も、第三宇宙マクロコスモスに属しており、マクロコスモスのレベルでは、差異性があっても、その上の第二宇宙アヨコスモスには従属して、アヨコスモスには従っているということです。アヨコスモスは法則3の世界であり、原初的すぎて、とうてい「道」とは言えないのですが、シリウス、北斗七星、プレアデスなどに関わる七つの法則（法則6と抵触）とは異なる法則で、アンドロメダM31が働いていると考えることは可能でしょう。

生命の樹で言うと、アヨコスモスの小型版としての造化三神（ケテル、ビナー、コクマー）としての三角形の下に、破れ目の深淵があるのですが、アンドロメダM31から来た存在は、この場所にひっかかって、あちらにも、こちらにも脱出できなくなっており、それをヘルメスが連れ帰ったという記述が、エメラルドタブレットにあります。つまり深淵の下のこの宇宙には自力で入れなかったのです。7の法則で生きていなかったからではないでしょうか。存在は、型共鳴であちこちに移動します。アンドロメダ銀河M31の存在は、この銀河に型共鳴できないのです。

生命の形態とは、大なる宇宙の模型であるミクロコスモスを示すという点で、アンドロメダM31存在は、この銀河の中に住んでいる生命とは、似ても似つかない形をしています。異なる法則宇宙を見ると、あらためて、この宇宙の七つの法則が浮き彫りになって、理解が深まる気がしますが、さらにアンドロメダM31の法則とはなんだろうかと、しきりに興味が出てきます。

リサ・ロイヤルは、アンドロメダM31は、抽象的で、流動的だと説明しています。これではほとんど手がかりがないに等しいのですが、七つの法則は、3足す4で、合計七つと考えることもできます。インドのヒラニヤガルバという黄金の宇宙卵の中身は、意識の三つの法則と、四つの元素、土、水、火、風の七つの層でできています。

インドのヨガのチャクラでも、上の能動的な三つの意識と、下の四つの元素の組み合わせという思想があります。占星術の12サインは、この組み合わせを、3かける4の12にすることで、3と4が簡単には分離しないように設計されました。異なる材質の系を編み込んだような感じと言えるでしょうか。

アヨコスモスの模造の3の法則までは、アンドロメダM31は従属している。しかし、その下の4ないしは四元素には従っていないと考えてみてもいいでしょう。

3の法則は意識の法則。その下の4の法則は、感覚、あるいは世界の法則だと考えられます。世界とは、時間と空間があるもので、それを感覚と言うのです。

アンドロメダ銀河M31は、第三宇宙マクロコスモスの中にありますが、その下の12の法則であるデュートロコスモス、太陽系には、自力では、入ってくることができないのです。

exopaediaというデータベースでは、アンドロメダM31は、この銀河においてのアセンションを助けるために、この銀河に来ていると書いてありますが、この言い方には、なかなか疑わしいものがあります。しかし、この銀河とはかなり違う法則で働いているという点では、この銀河に住む存在のローカル性、自分では意識できないような多くの要素を意識化するには貢献するとも言えます。つまりはアセンションの助けになるのかもしれません。

海外旅行をすると、帰国するときに、空港で待っている日本人たちを見て、日本に住んでいるときにはまったく気がつかなった日本人のいやな感じに急に気がつきます。この銀河に住んでいる存在が、アンドロメダ銀河M31が近づくことで、無意識的な固着、この銀河に住んでいるところのいやな感じに気が付く可能性は高まります。自分たちは相当おかしかったと感じるかもしれません。

アンドロメダ銀河M31は抽象的で流動的ということは、生命存在としては、具体性がなく、また姿・形はつねに変わると見てもいいかもしれません。そもそもアトランティス初期に存在していたと言われる思念体も、姿・形などありません。この思念体は、グルジエフの「生きとし生きるものの図表」では、天使に該当し、H3・12・48のエリアに住んでいます。一番下の領域、つまり肉体は、H48で構成され、これは人間では、思考とか知性を示します。思念を肉体とする存在。何か考えた瞬間に、空中に光る何かを見た人はたくさんいるはずです。これが天使のボディーです。何か考えたから天使が来たのではなく、天使が来たから、それに関係したことを考えたのです。頭の中を天使が通り過ぎたのです。そのときに、吹き抜ける風のように、ある想念が出てきました。

アンドロメダ銀河M31の存在は、この天使にちょっと似ていると思ってもいいのではないかと思います。生き物の形はしていません。でも決定的に違うのは、アンドロメダ銀河M31の存在は、七つの法則には従っていないということでしょう。

わたしはグレート・セントラル・サンの九つを、シリウス、オリオン、プレアデス、北斗七星、アルクトゥルス、アンタレス、りゅう座、アンドロメダ銀河M31、VALISと定義していますが、この組み合わせだと、七つの法則に、いろんな角度から光を当てることができて、七つのコスモスの法則の応用の幅が広がると考えています。

i

宇宙の七段の階梯

グルジエフとコスモス

そもそも七つのコスモスとは宇宙全体が七つの層からなるというグルジエフの思想であり、ピョートル・ウスペンスキーの著書『奇蹟を求めて』で紹介されている。

第一宇宙がプロトコスモス、第二宇宙がアヤコスモスである。第一宇宙のプロトコスモスは、〈創造の光においての絶体〉と『奇蹟を求めて』では説明されている。これをインド式にブラフマンとしてもよいだろう。

第二宇宙のアヨコスモは〈全世界〉を指すとされ、〈聖なる宇宙〉や〈メガロコスモス（巨大宇宙）〉などとも呼ばれている。ただし、七つのボディーというものを想定した体系では、この第一宇宙と第二宇宙を入れないことが多い。それはこの二つのコスモスにおいては生命が構成されていないからである。つまり、生命が生まれる前の段階の宇宙法則を表すので具体性がなく、生命存在という面から考えることができないのだ。

生命存在という視点から考えるなら、その究極のレベルは次の第三宇宙となる。これにはマクロコスモスという名がついており、グルジエフの説明では「われわれの星雲界」、ないしは銀河系にあたる。グルジエフの「創造の光」の階梯では「世界6」とされている。

私はこの「世界」を「法則」と言いかえることが多いので、「法則」で示すなら、プロトコスモスは「法則1」、アヨコスモスは「法則3」、マクロコスモスは「法則6」となる。

マクロコスモスの中にはさまざまな恒星も含まれる。つまり、恒星から銀河系までもが入ることになるので、マクロコスモスはかなり幅広く考える必要がある。これは七つのそれぞれのコスモスの内部に、さらにまた七つの階層があるという、入れ子状のイメージで捉えるといい。マクロコスモス内部の七つの階層の一番上に銀河系があり、一番下に恒星があり、その間に別の階層があるということだ。

さて、4番目の第四宇宙がデュートロコスモスである。グルジエフの説明では太陽と太陽系にあたる。これはグルジエフの呼び方では「世界12」であり、つまり「法則12」である。

太陽系と太陽は何が違うのか。太陽系は太陽を中心にしてその周りに惑星を従えている。では、太陽そのものとは何か。一つ上のコスモス内の一番下の階層は、その一つ下のコスモスの一番上の階層につながっていると考

図1　グルジエフの創造の光の階梯

プロトコスモス	1	絶体（全宇宙）
アヨコスモス	3	全太陽
マクロコスモス	6	恒星
デュートロコスモス	12	下に向いた太陽
メゾコスモス	24	全惑星
トリトコスモス	48	惑星
ミクロコスモス	96	月
	192	火（空気）
	384	水
	768	土

えてみる。第三宇宙のマクロコスモスにおいては、内部の七つの階層の一番上が銀河系であり、一番下が恒星だった。その恒星が第四宇宙のデュートロコスモスにおいては太陽になり代わるのである。

惑星を従えると太陽になり、太陽系ができあがる。それは恒星が太陽となって、自分の腹の中に、つまり特定の時空の中にまるで遊園地のようなバラエティーある世界が生まれるということだ。恒星の内部に惑星を従えることで恒星は太陽になるのであり、その全体を太陽系と呼ぶのだと考えればいい。そういう考え方からすれば、このデュートロコスモスにもいくつかの階層があることになり、この上から下への階層をどうやって分類するのかということになる。

グレート・セントラル・サン

グレート・セントラル・サンという考え方があり、これはグレート・セントラル・サン、つまり〝大きな太陽〟の周りを、まるで惑星のようにいくつかの太陽系が回っているというものだ。このデュートロコスモスの内部にもいくつかの階層があり、一番上がこのグレート・セントラル・サンで、一番下の階層がたとえば我々の太陽系だと考えればよい。

グレート・セントラル・サンについては、今まではアルシオンがグレート・セントラル・サンだったのが、これからはシリウスがグレート・セントラル・サンになると言われることがある。グレート・セントラル・サンはいくつか存在しているのだが、今までアルシオンにぶら下がっていた我々の太陽系が、これからはシリウスにぶら下がるというような変化が起こるのではないかというのだ。しかし、アルシオンからシリウスに移ることはない。ただし我々の太陽系が属しているところに限った話であるが。こうした一つの恒星がグレート・セントラル・サンの役割を担い、その周りに太陽系が従属するという構造で言えば、我々の太陽系は物理3次元的にはその軸が竜座にある。昔から我々の太陽系は竜座に属していたということになる。

地球から見て天空を88の星座に区切るように分割するので、星座はいわば布を貼り合わせたような構造になっている。そのため、この竜座という星座をグレート・セントラル・サン的に見てもいいのかとも思う。ただし、この太陽系から離れてしまうと、そもそもこの88星座という構造はまったく成り立たなくなる。地球から見て天空の地図はこういうふうに見えるというだけの話だ。たとえば北斗七星にしても、大熊座の領域に北斗七星を構成する恒星があるのだが、それぞれは太陽系からの距離がバラバラなので、太陽系以外のところから見ると北斗七星は存在しないといえる。地球から見て88星座が存在し、その中で我々の太陽系の中心軸の延長上にあるのが竜座、つまりこのメリーゴーランドの中心軸が通るのが竜座であり、それをグレート・セントラル・サンであると見なす考え方もあるということだ。

デュートロコスモスも幅広く、それは太陽系であると単純に言うことはできない。やはり内部に階層があるからだ。

メゾコスモスと天沼矛

さて、次が第五宇宙メゾコスモスである。

メゾコスモスは、グルジエフの説明では全惑星である。これは世界24、つまり法則24である。

メゾコスモスの内部もいくつかの階層に分かれている。全惑星が頂点であるとすれば、その一番下は一つの惑星、たとえば我々の住んでいる地球である。

グルジエフはこの地球を地球意識としたときには法則24ではなく、法則48になると言う。そのため、階層としては一番上が全惑星で、そこからいくつかの段階に分かれると考えればいい。

このときも一つのコスモスの一番上はその上のコスモスの一番下とつながっている形になるので、第四宇宙デュートロコスモスの一番下の太陽系と第五宇宙メゾコスモスの全惑星は重なっているという構造になる。

これは創造の順番を意味する。プロトコスモスから順々に下の宇宙が創造されていく、すなわち創造の光が降りていくときの、この太陽系が形成されていくプロセスがここに含まれている。ゆえに、太陽の周りに一気に複数の惑星ができあがったという発想にはならない。創造のプロセスとは分割によって作られていくことだからだ。

まずは太陽の周りに〝海原〟だけがあり、惑星はまだ生まれていない。その〝海原〟の中からまだら状に濃淡が生まれてくる。それはしだいに濃くなっていき、その濃い部分がやがて惑星になっていく。だから最初はそのドロドロの状態――〝海原〟だからドロドロでさえないのだが、そこからだんだん惑星の塊ができていく。

私たちが住んでいる地球は鉄の惑星と言われる。鉄の成分がとても多いからだ。そのため、惑星というと硬い塊とだれもが思う。だが、太陽系にはそうではない惑星、ガス天体もある。たとえば木星がそうだ。ということは、地球のように硬くなってない惑星もあるわけで、私たち地球人から見て惑星として認識できないものも惑星としてみなす必要がある。ゆえに、創造の光線の下降という視点からは、我々の物質的な視線が認識できる数よりもっと惑星は多いはずなのだ。そういう意味でエネルギィの濃くなり始めた、惑星になるかならないかというものもカウントしていくと、この〝海原〟から惑星ができていくプロセスがわかってくる。しかし、それはまだなかなか今の私たちには知ることが難しい。

日本神話では、イザナミとイザナギが海原に降りてきて天沼矛《あめのぬぼこ》で海原をかき回していった。するとだんだん濃くなり、島ができ、国ができたという。〝海原〟の濃くなった部分が惑星になっていくというのは、この神話のことだと考えてもいいのではないか。イザナミは波を表し、ナギは粒子を示す。波動と粒子だ。イザナミとイザナギの2人が組み合って天沼矛をかき回したというのは、波動から粒子へとだんだん固まっていくという意味になる。

こうやってメゾコスもその内部はやはり七つの階層になっているので、全惑星といっても惑星の塊が全部集まったものではなく、一番上の階層は太陽の周りを取り囲んでいる質料性になる。太陽の質料性とは何かということだが、フッサールは「意識は対象に投射されないと存在しない」と語っているが、太陽も太陽だけだと自分自身を認識できない。自分を認識するためには対象が欲しい。このときの太陽にとっての対象が全惑星の〝海原〟であり、それを太陽の質料性と呼ぶのだ。

太陽からするとそういう質料性としての〝海原〟があり、それがまだ固まっておらず、対象性は漠然としている。やがていくつかの惑星という塊に分かれていくと、対象性・質料性に分離が生じ、役割ができあがっていく。それはまるで言葉が生まれるようなイメージである。いくつかの惑星に分化し、それぞれに役割、名前がついていくというプロセスがメゾコスモスにおいて存在するのだ。

メゾコスモスの一番上は太陽の質料性としての〝海原〟だ。そして一番下が地球。どの惑星も全部一番下にあり、すなわち我々が住んでいる鉄の惑星の地球もまたこのメゾコスモスの一番下の部分にあるのだ。

コスモスとしての人間界

次の第六宇宙にはトリトコスモスという名前がついている。このトリトコスモスのことをグルジエフは「人間」としている。人間界ということである。このトリトコスモス＝人間界はこれまでの宇宙同様、一つ前の第五宇宙メゾコスモスの一番下の階層に地球があり、その地球の内部に人間界があるのだ。この場合もやはり七つの階層に分類した方がわかりやすい。

「人間」と言われると一個人のように思うが、それはトリトコスモスの七つの階層の中の一番下に相当するものだ。つまり、一番下の階層は一個人としての人間である。そして上の方には一個人ではなく、集団性がある。

私がよくたとえとして用いるのがマイワシの群れとマイワシ一匹の関係だ。マイワシ一匹が人間一人だとしたら、集団性というのはマイワシの群れということになる。マイワシの群れの一匹一匹に自我があるのかというと、おそらく持ってはいない。マイワシじゃなくても、たとえばスズメでも一羽一羽に自我があるのかというとおそらくないだろう。むしろスズメの集団のほうを一つの生命体であると考えるのだ。

東南アジアのある地域に夕方になると竜が出るという話があり、日本のテレビ局がそれを取材に行った。すると竜と言われていたのはコウモリの群れだった。コウモリの群れの飛ぶ様子がまるで竜の姿のように見えたわけである。私たちは人間を一個人で見て、集団性としては見ない。だからこの集団性として存在する「竜」に対しても、「いや、竜ではない。それはコウモリだ」と、群れにではなくコウモリ一匹一匹のほうにリアリティ、真実性を感じる。ゆえに竜は存在しないということになる。だが、集団性という視点からすれば、竜のほうが実体であって、コウモリのほうはその細胞であると見なすこともできるのだ。私たちは「一個人が私なんだ」と言うが、私たちの体を構成する細胞1個1個が私であるとは言わない。細胞の集合体を一個人の私であると言っている。同じようにトリトコスモスの人間界においても、一個人というのはトリトコスモスの一番下にあるものなのだ。

一番上の階層は集団性としての人間であるという発想だと、この第六宇宙トリトコスモスの一番上は、その上にある第五宇宙メゾコスモスの一番下の階層の地球と直結してるはずだ。そういう意味では第六宇宙トリトコスモスの一番上（トリトコスモス第一階層）は地球を取り囲む全人類、すなわち蔦のように地球を覆っている全人類ということである。地球ということと、地球を覆い尽くしている全人類というのは、上の第五宇宙メゾコスモスの一番下の階層と、第六宇宙トリトコスモスの一番上の階層とがぴったり重なっており、これはすなわちデュートロコスモスとメゾコスモスの関係と同様だ。デュートロコスモスの一番下が太陽であり、メゾコスモスの一番上が全惑星の〝海原〟であったように、メゾコスモスの一番下が地球であり、トリトコスモスの一番上が全人類である。そしてトリトコスモスの七つの階層の一番下が一個人となる。このトリトコスモス＝人間界の七つの階層を考えるというのは実は非常に面白いのだが。

宇宙の一番下

最後が、グルジエフの七つのコスモスで言うところの第七宇宙ミクロコスモスである。このミクロコスモスもやはり七つの階層に分かれていると考えた方がいい。このときも上のコスモスであるトリトコスモスの一番下が、このミクロコスモスの一番上と重なっていると考える。

ミクロコスモスは、ギリシャ時代であれば人間の内部宇宙となる。そこには内蔵、骨格、細胞、さらには分子、原子、素粒子、果ては暗黒物質があるわけだが、人間一個人はそれを直接見ることはない。つまり自分の中にある極小のものを認識することはできない。

トリトコスモスの一番下の一個人の内部をミクロコスモスがぴっちりと覆っている。つまり地球を全人類がビッチリと覆っているように、一個人の内部にミクロコスモスのさまざまな要素がすき間なく詰まっているのである。

トリトコスモスの一個人というのがミクロコスモスの七つの階層の一番上の部分に該当

することになる。グルジエフは、これに原子が当てはまると言う。グルジエフの体系というのは現代科学の発想とは異なる古代哲学のようなものであるから、この原子という用語も実際の科学の分野でいう原子とはまったく違う。そういう点を見分けておかないと混乱が生じる。グルジエフが言う原子という用語は、これ以上分割できない物質といった概念である、現代科学では。原子はさらに分割でき、素粒子になる。とはいえ、科学の分類というのは時代によってどんどん変わっていく。一方で、宇宙哲学は時代によって変わるものではない。本質的に客観的なのである。その意味においては現代の科学分類にこだわらない方がいい。そもそも地球から外に出てしまうとまったく物質の組成が違うこともあり得るのだから。科学的分類というのはこの地球だけで通用すると考えるといい。

13チャクラと七つのコスモス

前述したようにこの宇宙的な法則、七つのコスモスというのは時代によって変わらない。個人の考え方には何の影響も受けない。グルジエフのこの七つのコスモスに、たとえば他の体系、ヨガの体系やカバラの体系、スーフィズムといったものの法則と共通性を見い出すことは可能である。ただ言葉が違うだけだ。ゆえにこの七つのコスモスを別の体系とすり合わせて考えていくのも面白い題材なのではあるまいか。

この体系全体を他のものとすり合わせるときに、最近面白いと思っているのが、橋本尚子氏という瞑想家が提唱する13チャクラというコンセプトであり、これを展開し、これをもとに瞑想をやっていくと語っている。この13チャクラとはいったい何か？　クリヤー・ヨガとは、ユクテスワ〔ヨガ指導者〕やヨガナンダ〔ヨガ指導者でユクテスワの弟子〕らの一連の系譜に連なるものであり、霊的に密接な関係がある。そういう点では神智学の宇宙像やインドの占星術、そういうものとの関連性がある。

図2は、マリア・ステファノというクリヤー・ヨガの研究者の考える七つのボディーである。これは神智学の分類とまったく同じだ。一番内側が物質的肉体、それからエーテル体、アストラル体、メンタル体、コーザル体、ブッディ体、そしてアートマンとなる。この分類も多少修正しないと、私の考えと整合しないのだが、単に言葉の違いかという感じ

図2　マリア・ステファノの七つのボディー

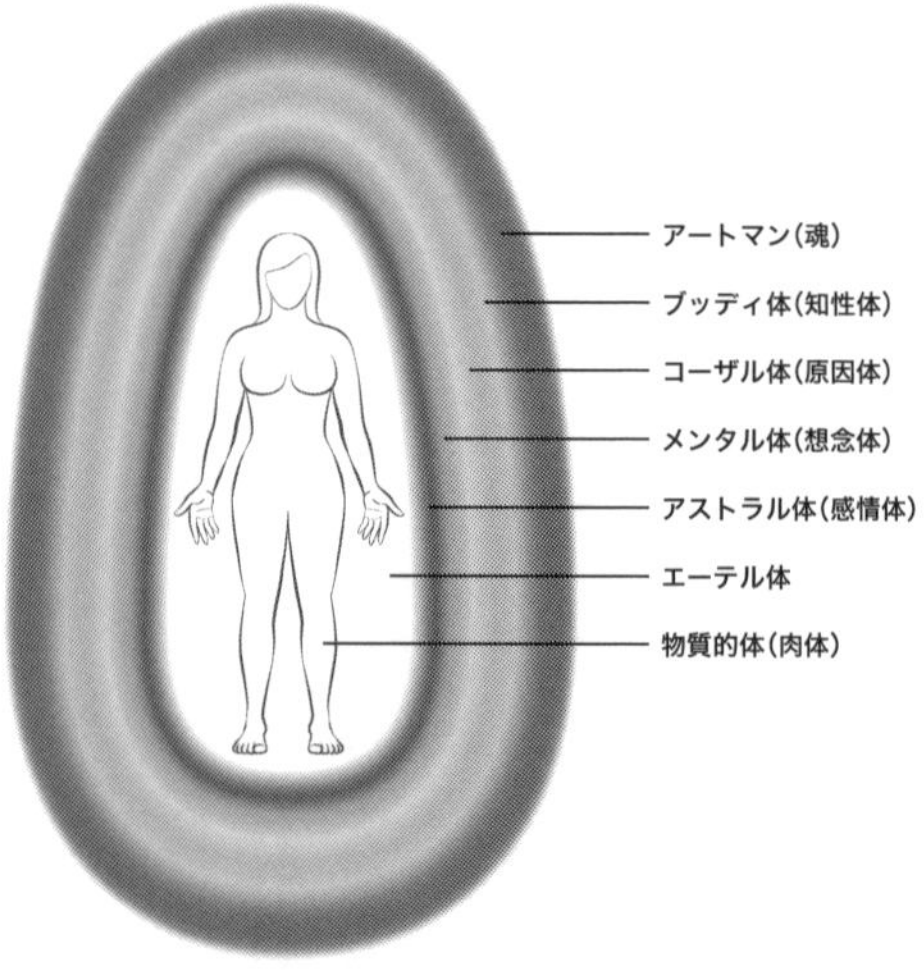

がする。たとえばアートマンというところに魂と書いてある。すると魂の上位に霊があると私は考えてしまうわけである。私はよく人間というのを「霊・魂・魄・体」の四つの構造だと説明する。この四つの構造において、アートマンを魂としてこれをこの七つのボディーの頂点にすると、では霊はどこにあるのかということになる。そのため、言葉の問題として調整しないといけないのだ。神智学の場合はこのアートマンの層の上にさらにモナド体があるとされる。これはブラヴァツキーの発想である。このモナド体をなぜ七つのボディーに入れないのかというと、これは人間存在に組み込めないからである。モナド体は人間意識、人間存在を超えた非常に抽象的な法則であるのだ。最初に七つのコスモスを説明したときに書いたように、第一宇宙のプロトコスモス、すなわちプラフマン、それから2番目のアヨコスモス、この二つは人間存在、宇宙の生命存在には直接関わらない、それ以前の法則なのである。

このモナド体はアヨコスモスに該当するだろう。そしてアートマンは魂ではなく霊であると考えればいい。霊は恒星意識でもある。

言葉を調整しながら整理していくと、この物質的な肉体というところの内部宇宙というのは当然のことながらミクロコスモスということになる。そこには内蔵とか骨とか細胞分子とかDNAがあるという話になってくるが、それは現代科学の発想である。古代の考え方では、たとえばヨガの体系では肉体の中の七つのチャクラという発想になる。内分泌線と関連した体の中に七つのチャクラがあるということだ。それが現代科学では、五臓六腑があり、細胞がありという発想になってくるのである。

この肉体の中の七つのチャクラは体の中にあるものなのだと考えると、一番上の頂点がサハスラチャクラだ。このサハスラチャクラの上の方にエーテル体があるという発想になる。こういうようにクリヤー・ヨガの七つのボディーというものを考えていったときに、橋本氏の13チャクラでは、このあたりを意識した上で13に分けている。

図3が橋本氏の13チャクラの構造図で、グルジエフの七つのコスモスは私が書き加えたものである。マリア・ステファノの場合は頂点がアートマンだが、これは霊であって恒星だ。魂というのは少し違うのではないかと考えると、このアートマンというのがキリストボディーに対応する。なぜキリストボディーなのか、セレスティアルボディーなのか、そういう名前をつけた理由についてはわからない。だが、神智学の発想法とそれほどかけ離れていないと考え、七つのコスモスを当てはめてみた。

まず、第一宇宙のプロトコスモス、第2宇宙のアヨコスモス、これは除外する。生命存在の頂点というのは13番目のキリストボディーになる。これは七つのコスモスにおいては、マクロコスモスの中の恒星ということになる。すなわち恒星意識である。これが13番目のキリストボディーになる。だが、たくさんある恒星の中でキリストボディーというのはどれを示しているのか。

トリトコスモス、これが第六宇宙の人間界だった。これには七つの階層があると言ったが、これが図3ではメンタル体、アストラル体、エーテル体、物質体に割り当てられていく。そしてトリトコスモスの一番上の頂点がメンタル体だ。それからトリトコスモスの第2階層がアストラル体、トリトコスモスの第3階層、第4階層、第5階層がエーテル体になる。そして第6階層と第7階層が人間の肉体となる。

マリア・ステファノの図で肉体と書いてあるところが図3の人型の内部に該当する。肉体の中にある番号

図3　13チャクラと七つのコスモス

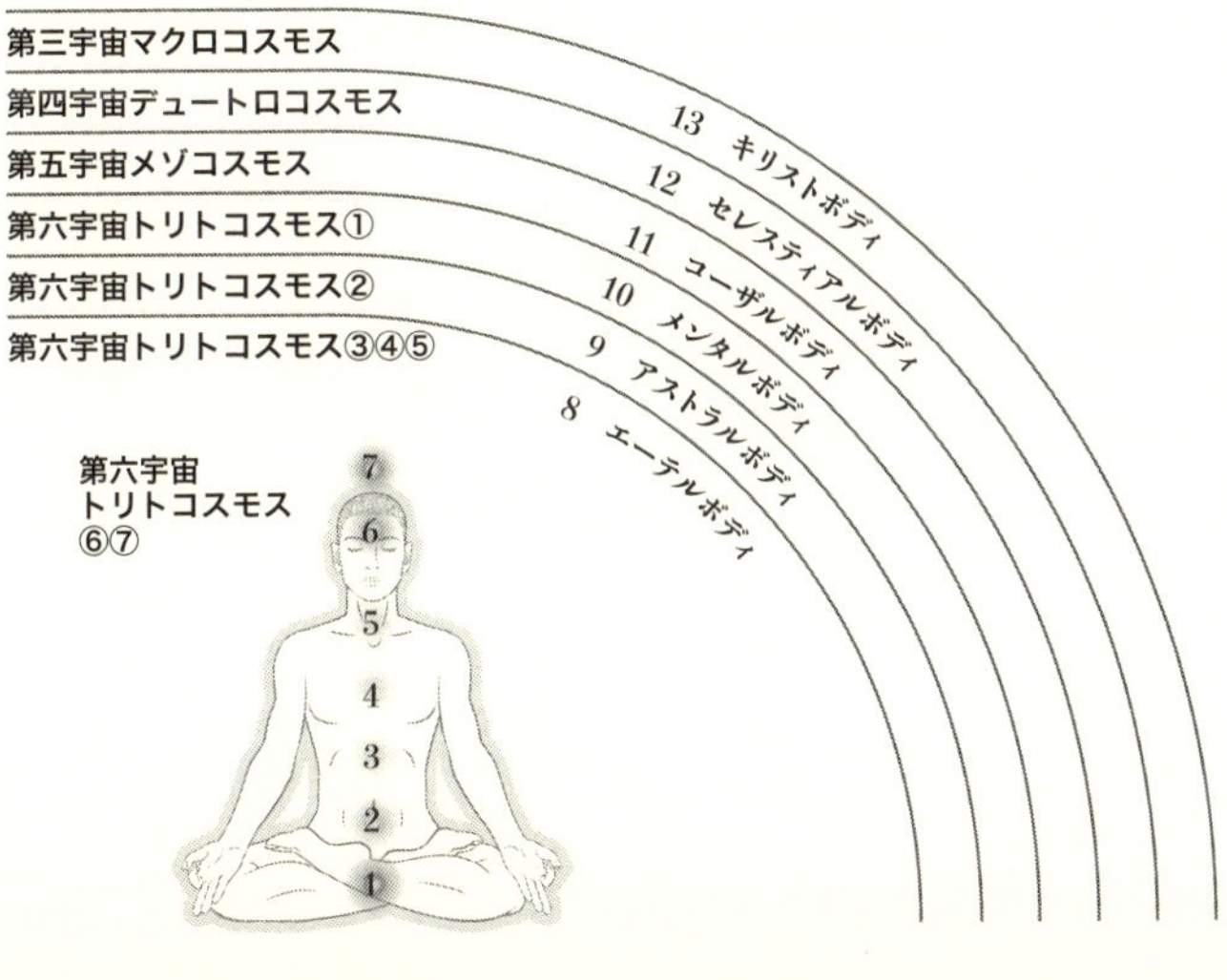

は肉体の中のチャクラだ。この肉体の一番頂点がサハスララチャクラになり、これはコスモスとの関係性において、つまり上のコスモスの一番下の部分はその下のコスモスの一番上の部分に重なっていることから、体の外のエーテル体は肉体チャクラのサハスララチャクラとつながっている。それを意識しているのか、この7番という数字は肉体の中ではなく、頭の外に書いてある。ここがエーテル体に直結しているという発想で考えればよい。グルジエフの考え方では体の中のものはミクロコスモスだ。つまりトリトコスモスの一番下の第7階層の内部（あるいは下）にある部分だ。それはこの13チャクラでは体の中の七つのチャクラになる。

ヨガでチャクラを開発する人たちはみな混乱した考え方を引きずっているのではないかと私は思っている。13チャクラではチャクラは体の外に6個ある。体を入れると7個である。ヨガのチャクラは体の外にあるのか、中にあるのか、というところがあまりよく分類されていないというか、わかっていないように思う。チャクラを開発すると神秘体験が起きるという人がいるが、体の中のチャクラを開発しても神秘体験は起きない。起きたとしても、それはあくまでも内的宇宙での体験ということではないか。この体の外の七つのチャクラ、つまり七つのコスモスと連動したものとは歴然と異なるものなのだという点をはっきりさせるべきだろう。

たとえばオショーのチャクラの説明を読んでも、やはりこの二つを混同させて説明している感じがする。私はオショーのアシュラムがあったプーナ（プネー）に行ったことがあるのだが、夜中になるとオショーのオーラが広がってくる。プーナの街全体にじわじわじわじわと広がっていく。それを私は目撃した。そして、それが私に当たり、私はそのときに体を壊した。つまりオショーは夜中になると体の外に自分を広げていくのだ。それはこの図3のエーテルボディーだ。体の外ということである。あるいはアストラルボディーだ。そういうふうに体の外に広がっていくのだ。だがチャクラの説明しているときに、オショーはそれらがあたかも体の中のチャクラのどれかに該当するものだという言い方をするところがある。たとえばアナハタチャクラ4番チャクラ、あるいはアージュナーチャクラ6番チャクラ、こういうところに関連してそういう体験をするという言い方をしている。だから、混乱する。そのため、この13チャクラという形ではっきり分類した方がいいし、このグルジエフの七つのコスモスに、はっきり対応させて考えた方が混乱しなくて済む。

この人間界というのはかなり幅広い。メンタルボディー、アストアルボディー、エーテルボディー、それから肉体、全部がグルジエフが言うところの第六宇宙、人間界、トリトコスモスになる。トリトコスモスのみならず、どのコスモスも細かく分類していくと興味深い。マクロコスモスを表す銀河や恒星、それを示すキリストボディーにしても階層がある。一つの恒星の内部にデュートロコスモス、メゾコスモス、トリトコスモスがある。

私は恒星探索を勧めているのだが、基本的に一つの軸になる恒星を決めて欲しいと言っている。それは自分のルーツである恒星だ。銀河の中にはたくさんの恒星があるので、すると非常にたくさんのキリストボディーがあることになる。それはみな同じなのかというと、もちろん、そういうことではない。

13チャクラ体系、神智学の七つのボディー、七つのコスモスをすり合わせながら説明していくと、具体的でわかりやすくなる。13チャクラの特徴としては、マリア・ステファノが言っていたような七つのボディーの中の肉体に、従来言われている七つのチャクラが封入されているのだということになる。ここを混同しないようにすべきだ。

ii

プロトコスモス>
アヨコスモス>
マクロコスモス part1

第一宇宙プロトコスモス

七つのコスモスの最上位、プロトコスモスは「一なる法則」であり、ブラフマンであると先に書いた。

この「一」の前には数字で言えば「ゼロ」が存在する。ゼロは円のような形であり、宇宙の範囲を決定するようなイメージだ。地面に丸を書いて、「ここが自分の陣地だ」と宣言するようなものだ。しかし、ただ範囲を決定するだけでは何も始まらない。この円の中に、これから宇宙の中で何かを始めるという意志が芽生えたときに、円の中心に点を打つ。この点が「一」に相当する。

しかし、陣取りの円と中心点の区別は明確ではない。漠然とした範囲決定としての「ゼロの円」から何かを始めようとしたとき、その「ゼロの円」自体が「一」の数字の意味を持つことになるのだ。円と中心点という区別は、ここでは意味をなさない。

この「一なる法則」の前には、さらに先行する宇宙が存在する。それは第1等級宇宙と第2等級宇宙、第3等級宇宙である。私たちが存在する宇宙は第3等級宇宙に属する。カバラでは、この三つの宇宙を「アイン」「アインソフ」「アインソフオール」と呼び、それぞれ「無」「無限」「無限の光」などと表現される。私たちが属する七つのコスモスは、この3番目の等級の宇宙であり、その前にはさらに二つの宇宙があるのだ。

　このような話をすると、「前の宇宙はどうなっていたのか?」と疑問を持つ人がいる。しかし、ここで注意すべきは、私たちは第3等級宇宙の成分によって形成されているということだ。意識も体も感情も、すべて第3等級宇宙の中で創られている。そのため、第2等級宇宙や第1等級宇宙に行こうとすることは、自分自身が存在しなくなることを意味する。自分自身は第3等級宇宙の一部であり、第3等級宇宙そのものなのだ。第1等級宇宙や第2等級宇宙に行くことは、自分自身が存在しなくなることを意味し、観察することも何もできなくなる。唯一、第1等級宇宙や第2等級宇宙から介入が起きた場合のみ、間接的に理解することが可能となる。そこに行ってみようというのは考えても無駄であると言うことだ。

内部分割による創造

　第3等級宇宙には七つのコスモスが存在し、前述したようにプロトコスモスは「一なる法則」である。しかし、ただ存在するだけでは、この宇宙は消滅してしまう。活動がないと、宇宙は消えてしまうのだ。

グルジエフの宇宙観は、内部分割という考え方で説明される。下の宇宙は、上の宇宙が内部分割されてできあがっていく。つまり、ブラフマンという「一なる法則」の内側に、どんどん分割されて下の次元の宇宙が生まれていくのである。七つのコスモスはすべて、この内部分割によって生み出されたものだ。そのため、グルジエフの法則番号は、下に行くほど数字が大きくなり、上に行くほど数字が小さくなる。頂点のブラフマン、つまり「絶体」は最も小さい「1」になる。

この創造の光線による内部分割は、インド哲学でいうところの「因の中に果が作られる」という考え方、因中有果論に相当する。

プロトコスモスである法則1の内側に動きを作り出し、さまざまな宇宙を生み出すことを考えた場合、まず始めに二分割が起こる。フッサールが「意識は対象がなければ存在しない」というように、意識と対象に二極化するのだ。これは、中国の陰陽魚のように、黒と白の魚が対になっているような二極化のイメージだ。この二極化によって法則2が生まれる。

グルジエフの七つのコスモスの法則における数え方では、第一宇宙プロトコスモスが

図4　陰陽魚

法則1、第二宇宙がアヨコスモスであり、これは法則3とされている。「1」からいきなり「3」に飛ぶのはなぜかという疑問に対して、グルジエフ宇宙論では、二つの法則に分かれた「2」と、それを包含する「1」が存在すると考える。「2」は、ブラフマンの二極化によって生まれたものであり、ブラフマンの反映と対象の関係を表している。つまり、二極化して第二宇宙を作ったときに、その中にブラフマンと対象の関係性が生まれる。それが法則3のアヨコスモスの中で、宇宙を創り出そうという流動性のある動きを始めるのだ。因中有果論で、因の中から果ができるのだが、試行錯誤するかのように流動的に動いていくのだ。

このアヨコスモスについて、インドのサーンキャ哲学の考え方で説明してみたい。サーンキャ哲学では、プルシャを無の原理、プラクリティを有の原理と呼ぶ。これは、ブラフマンと対象の関係に相当し、ブラフマンがプルシャ、対象がプラクリティに置き換わる。

プルシャは無である一方で、プラクリティを観照し、対象として見る。無であるプルシャが有であるプラクリティを対象としてじっと見る――この言い方が私は好きだ。意識は対象がなければ存在しないため、対象に目を向ける。この観照によって、プラクリティの中にある三つのグナ（サットヴァ＝純質、ラジャス＝激質、タマス＝鈍質）の不均衡が発生する。何もない状態では、三つのグナ（トリグナ）は平衡状態だが、無であるプルシャがプラクリティを観照することで不均衡が生まれ、休みなく流動していく。

この三つのグナが占星術に投影されると、三つのポラリティになる。ラジャスは活動的なサインで、常に動こうとしている。タマスは固定サイン、不動宮、動くことに抵抗する。サットヴァは柔軟サインである。

この三つのグナの力関係は、プルシャがプラクリティを観照することで常に変化し、同じ状態には固定されない。そのため、いわば見るたびに、観照するたびに、バランスが不均衡になっていく。ただ、この不均衡が不均衡と感じる理由はどこにもない。何をもって不均衡というのかがそもそもないからだ。

生命というのは同じ形を続けるということであり、休みなく形が変わっていくことではない。だから、生命はまだこのアヨコスモスではつくられていない。トリグナの不安定な流動の中で、世界はまだ作られていないのだ。

グルジエフは法則3を「永久不変」と言うことがあるが、これは「ずっと変わらない」という意味ではなく、むしろその反対の意味で、永久に流動を続け、何も固定されないということなのだ。

第三宇宙マクロコスモス

この一つ一つの不均衡をそのつど固定するのが、次の第三宇宙、マクロコスモスになる。マクロコスモスは、グルジエフの言い方では星雲と銀河と恒星である。

これらのものがマクロコスモスなのだが、その数は多く、それはそれぞれのトリグナの種類の異なる不均衡という意味となる。プルシャとプラクリティの関係で、元はブラフマンのプレッシャーがプラクリティを見るたびに不均衡が生じていくが、それを不均衡とは誰も言えないのだ。何をもって不均衡というのはそもそもないのだから。

それぞれの不均衡を固定する、フィックスするというのはどういうことか。たとえば図5のようにトリグナを頂点が上を向いた三角形（A）とし、それに対して受けにまわるものとして頂点が下を向いた三角形（B）を描く。三角形Aはトリグナで、常に動いているものの中から一つの不均衡パターンを取り上げる。そして、受動的な三角形B（これは自から動く性質がない）が、トリグナを鏡に映したようにして重なることで、一つの不均衡パターンが固定されるのだ。

そうすると、六角形のように見えるものが「法則6」の形になっていくの

図5

A：トリグナ

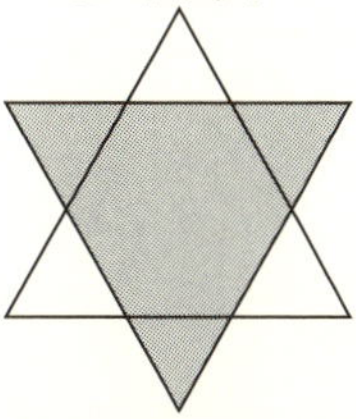

B：受動

だ。それが、たくさんの銀河や恒星などの集まりになっていく。マクロコスモスにおいても、内部分割して七つのコスモスすべてに七つの階層があるゆえに、マクロコスモスも七つの階層に分けられるのだ。これについては後に詳しく話すが、大雑把にはマクロコスモスの上の方の階層に銀河があると考えることができる。そして、真ん中あたりには、複数の恒星のネットワークやマトリックスのようなものがある。これは複数存在し、マトリックスでは恒星の数が異なり、ネットワークについてはだんだんその数が増えていく。そして、一番下には一つの恒星がある。これが、次の第四宇宙デュートロコスモス、つまり太陽系の太陽に重なる。惑星をぶら下げることで太陽に変わるのだ。

これは非常に壮大な世界である。とりあえず今は多くの恒星の集まりである銀河、そして恒星ネットワーク、マトリックス、そして一つの恒星という三つに分けることにする。地球から見ると、星座が88星座あるので、この恒星のネットワークやマトリックスが88あることになる。この88のグループ、一つの星座の中にはいくつもの恒星が入っており、また、アステリズム（星群）のようなものも生まれていく。ただし、これはあくまで地球から見たものであり、地球の外に出るとこれはまったく成立しない。地球から見たものではないところの恒星同士のネットワーク、マトリックスが別に存在しているのだ。

グレート・セントラル・サンの位置づけ

グレート・セントラル・サンについては二つの考え方があると思う。

たとえば、アルシオンがグレート・セントラル・サンであると言った場合は、一つの恒星であるアルシオンの周りをいくつかの太陽系が回っているという発想になる。つまり、一つの恒星の周りをいくつかの恒星が回っているということである。そうなると、このマクロコスモス内部の、この中位の階層の恒星マトリックスが、グレート・セントラル・サンであるという考え方になる。一番上の階層が銀河で、下位が一つの恒星、いくつかの恒星の集まりというのが中位の階層、すなわちマクロコスモスの真ん中であるというわけだ。

しかし、グレート・セントラル・サンの周りを回っているそれぞれが太陽系なのだから、グレート・セントラル・サンとは第四宇宙デュートロコスモスの一番上の階層であるというのが正しいのではないか。グレート・セントラル・サンの位置づけについての、「これはマクロコスモスの中の複数の恒星の集まりの中心部か？」という質問に対しては、太陽系の集合の真ん中にある大きな太陽であるのだから、それはデュートロコスモスの一番上にあたるというのが回答となる。

マクロコスモスの恒星ネットワークでは、一つの恒星が一つのロゴスであると考える。それにはさまざまな種類があり、非常にバラエティーに富んでいる。地球に住み、地球上の暮らしの中にすっぽり包まれていると、こういう領域のことはまったくわからない。しかし、精神世界、宇宙探索、そういったものをやり始めると、ネットワークやマトリックスのようなものにだんだん興味が出てくるようになるだろう。

アルクトゥルス、アンタレス、アンドロメダ

リサ・ロイヤル〔世界的に活躍するチャネラー〕の言う「大きな三つ組」の一つの例が、アルクトゥルス、アンタレス、アンドロメダの三つ組である。これは非常に重大であると彼女は書いている。

リサ・ロイヤルは、アルクトゥルスは銀河のスープのようなものだと言う。さまざまな星系が銀河の中にあるが、それらをスープの中の具だと考えると、それらを取り囲む、言いかえれば星系を浸すスープがアルクトゥルスだというのだ。

日本の神話で言うと、川や海に流していくということで、瀬織津姫《せおりつ》がこれに関係する。アルクトゥルスは、この銀河のスープの中のすべての「具」に繋がっていることになるの

で、特定の恒星ネットワークというよりは、アヨコスモスと繋がっていることになる。アルクトゥルスは、アヨコスモスとの通路でもあるわけだ。

次に、アンタレスだが、これは宇宙の中の別次元、あるいは別宇宙へと繋がっている駅のようなものであり、さまざまな宇宙へと道が通じている。

日本に猿田彦会議というものがあり、猿田彦は天の八街《やちまた》であると言っているのだが、そういう神話的な見方をすれば、アルクトゥルスが瀬織津姫なら、アンタレスは猿田彦だということになる。

アルクトゥルス、さまざまな宇宙に繋がっているアンタレス、そして我々の銀河の外にあるアンドロメダ銀河（M31）で構成される三角形は、外にある銀河（すなわちアンドロメダ）とも繋がっていることになる。すなわち、もう一つの銀河が繋がっているということから、マクロコスモスの中では、この三つ組は上位の階層にあることになる。

アルクトゥルスとアンタレスは、アンドロメダ銀河をこの宇宙に持ち込んでくる、関連付けるということをしている。ここに巨大なマトリックスを作っているのだ。このことは、リサ・ロイヤルだけではなく、さまざまな人が述べている。

このような、リサ・ロイヤルの言う複数の恒星の光には、他の銀河も含まれている。その下の方に、今度は複数の恒星のマトリックスがある。これには多くの種類がある。いくつかの例をここで説明してみよう。

フィリップ・K・ディックのヴァリス

恒星と恒星の間に交易ルートのようなものができて、この交易ルートが恒星の集合体になる。この集合体が、その集合体においての知覚を作っていく。つまり、知覚ネットワークだ。そこで発生する意識が存在する。そのため、できる限り広汎な方がいいわけだ。そのため、ゆっくり時間をかけてこの集合体は恒星の数を増やしていき、止まることがない。成長するマトリックスによって知覚ネットワークが広がっていく、拡大する。すると、それまで見えてこなかった、意識できなかったものが、見えてくるようになる。

この知覚ネットワーク、恒星マトリックスを、SF小説家のフィリップ・K・ディックはヴァリス（Valis）と呼んでいる。以前、私がパソコン通信「ニフティサーブ」でシスオペをしていたときのハンドルネームがヴァリスだった。『ヴァリス』とは、フィリップ・K・ディックの長編作品のタイトルである。それはフィリップ・K・ディックが接続した宇宙集合体のようなものであり、すなわち彼は実際にそれを体験しているのだ。

この現実のヴァリスとフィリップ・K・ディックを仲介したのが、ＡＩの女性と言われている。なにかしらロボットのような話し方をするので、ＡＩなのではないかとディックは語っていて、そのＡＩがヴァリスとディックをつないでいるというのだ。

このヴァリスとは、ヴァースト・アクティヴ・リビング・インテリジェンス・システム（Vast Active Living Intelligence System）の略で、つまり巨大で総合的な知覚システムという意味である。多くの恒星を繋いでいき、そのネットワークが増えるごとに、宇宙を知覚する広がりが生まれ、それまで見つけられなかった、わからなかった概念というものが浮上してくる、明らかになってくる。そうやって成長していく恒星のマトリックスとして考えていけばいいだろう。

これが、どのくらいの恒星の数、どれほど大きな集合体のマトリックスなのかということだが、時間をかけてゆっくり拡張していくわけだから、恒星の数を固定的に言うことはできない。ただし、私はタロットカードの大アルカナのカードが22枚なので、18～25という数を一つの目安として考えてみてもよいのではないかと思う。

これは、物理学的に恒星を見つけ出して、それと接続されることで数が増えたというようなことではない。数が増えることで知覚が広がっていく、新しい知覚の形式が発生するということだ。注意力の集合体というわけだ。

このヴァリスを「宇宙連合」と言いかえることも可能である。宇宙連合というと、ジョージ・アダムスキーをはじめとした、さまざまな人が宇宙連合の話をしているが、この銀河最古の宇宙連合というのがアルフェラッツ（アンドロメダ座のアルファ星）とプレアデスの連合と言われている。これが最も歴史と伝統のあるものだというわけだ。

最も古いというのは、ここから始まったというわけだが、その後、ヴァリスに拡大し、さらに増えていく。その結果、宇宙連合に加盟する数が多くなってきたという言い方をすると、それはとても地球的な見方で、なにやらいろんな国が加盟する国連みたいな感じになる。しかし、そういうものではない。最初のアルフェラッツからどんどん数が増えて、知覚を広げていくということだ。この宇宙連合の上位領域がアルクトゥルスであり、それがヴァリスとして拡張していくということなのだ。

秋山眞人氏は著書『Lシフト』〔ナチュラルスピリット刊〕で「自分の故郷を見つけ出す必要がある」と書いている。つまり、自分のルーツの星をまず見つけ出す必要があるというのだ。秋山氏は、大熊座のポラリスを中心にして北斗七星と回り合うカシオペアが自分のルーツだと書いている。また、先に紹介した13チャクラを提唱する橋本氏は、自分の

「実家」はシリウスだと言っている。こういう見方は、宇宙連合と比較すると個々の恒星のネイティブみたいな感じだ。それにくらべると、ヴァリスという宇宙連合は日々拡張する知覚ネットワークであり、それは特定の恒星に拠点を置くのではなく、この知覚ネットワーク自体の上に拠点を置いているのだ。

これを、枝を伸ばす木に似ていることから、宇宙樹と言ってもいい。後に説明するが、これはドランヴァロ・メルキゼデクが語っている神聖幾何学フラワー・オブ・ライフと言ってもよいものだ。フラワー・オブ・ライフというのは、さまざまな宇宙がベシカパイシス〔二つの円の円周が互いの円の中心を通って交差していること〕によって結合して作られていく構造体のことで、宇宙樹と言われることもある、すなわち、この知覚ネットワークのことだ。この宇宙が一つ増えるたびに、新しい知覚と新しい記憶が発生する。

秋山氏や橋本氏が語るような自分のルーツというのは、マクロコスモスの一番下にある一つの恒星であり、そこから上の方には、他の銀河も組み込んだ、アルクトゥルス、アンタレス、アンドロメダ銀河（M31）というようなものもある。そして、その中位レベルに

図6　フラワー・オブ・ライフ

ヴァリスがあるということなのだ。

他にもこの恒星マトリックスは、いくつも考えられるし、それはいわばヴァリスの部分集合みたいなものだ。たとえば、ホゼ・アグエイアスは、アルシオンとアルクトゥルスから成る「13の蛇の道」というマトリックスがあると語っている。さまざまなチャネラーなどが、アルシオンはプレアデスの中にありながら怪しい動きをしていると言っているが、それはプレアデスの性質と重なりつつも、異なる要素も持っているアルシオンの二重性のことを指している。それは、私からすればエニアグラムの法則ということになる。エニアグラムは七つの法則の内訳としてある、九つの数字のマトリックスのことだ。七つの法則を動かすためには、九つの数字が必要なのだというわけだが、それがアルシオンなのだ。七つのプレアデスに属しつつ、そうでないような性質を持っているのがアルシオンであるということだ。

そのようなアルシオンと、この銀河の外へと続く通路を持ち、しかもこの銀河のすべての星系に関わることができるアルクトゥルスという組み合わせが「13の蛇の道」であるとされ、ホゼ・アグエイアスは、このアルクトゥルス、あるいはアルシオンからパカル・ヴォタン〔古代マヤ文明の王〕がこの地球にやってきてマヤ文明を作ったと言っている。

この場合、アルシオンか、それともアルクトゥルスなのかは曖昧だが、それはこの二つが恒星のマトリックスだからだ。

もうすでにマヤ文明はその実体を失っていると思われるかもしれないが、再び未来にその構造というものが再生すると考えている。過去のものと未来のものとが呼び合う関係というのがあり、このマヤ文明的なものは、未来にもう一度取り上げられることになるだろう。それが、アルシオン＝アルクトゥルス・ネットワークなのだ。

日本には、二千年前に大和姫がアマテラスを背負って伊勢に降ろしたという神話がある。このアマテラスがアルシオンである。そしてアルクトゥルスは、前述したように瀬織津姫である。このアマテラスと瀬織津姫は、伊勢神宮においては、表の神様と裏の神様の関係である。荒魂《あらみたま》と和魂《にぎみたま》という分類があるが、アマテラスが和魂として表にあり、荒ぶる神として瀬織津姫がいて、その二つが常に連動しているというのが伊勢神宮の発想だ。そういう意味では、日本というのは、いわばこのアルシオンとアルクトゥルスの「13の蛇の道」のマトリックスとの関係が深い国であると考えてもよいのだ。

アルクトゥルスは、マトリックスなどのさまざまな結合を川に流す、つまり無効にするという性質を持っている。一方、アルシオンはそれとは反対に世界創造の性質を持つ。そのため、アルシオンが世界を創造し、ある時期が来るとアルクトゥルスがそれを無効にする。そして、またアルシオンが創造する。それをまたアルクトゥルスが無効にする、といった性質を持っており、それがこのアルシオン、アルクトゥルスの「13の蛇の道」の特徴である。

ミンタカ、アルニラム、アルニタク

他の組み合わせとしてはオリオン三ツ星がある。これは、ミンタカ、アルニラム、アルニタクのセットだが、宇宙存在の上限をミンタカが決め、それから下限をアルニタクが決め、その上端と下端の間に七つのボディーができあがっていくといった構造になっている。アルニラム自体は、独自の結晶を持っていない。そのため、私はこれをアモルファス型と呼んでいる。結晶がないので、霧のようなものだ。オリオン三ツ星は日本では弁才天に結びつけられるので、この真ん中の独自の結晶がないアルニラムは、霧のようなものということで、三女神のタギリ（田霧）姫に対応する。ちなみに、日本においては弁才天のみならず、宗像三女神、住吉三神もまた同様にオリオン三つ星に結びつけられる。

このようなネットワークがいくつもあり、昔からよく知られているものには北斗七星がある。宗教ではこれは非常に重視されており、たとえばインドでは七人のリシ（聖賢）に例えられていた。

七人のリシの妻というのがプレアデスである。両方とも七つ星ということで、表側と裏側のように、このセットは扱われる。

エジプトのピラミッドの内部には恒星との通路がある。まず、女王の間から伸びる通路の先がシリウスである。また、王の間からの通路の先がオリオンの三ツ星である。さらに、部屋はないのだが、通路がもう一つ上の方にあり、これは竜座のトゥバン、すなわちピラミッド建造当時の北極星につながっている。これもマトリックス、恒星ネットワークと言える。つまり、シリウス、オリオン、トゥバンへの通路で、エジプト文明はこの三つで作られたと考えるといい。

こういうネットワークが数多くあるのだが、すべてがヴァリスの中の部分的な要素であるといってかまわない。ヴァリスの中にはいろんなバラエティーが含まれているわけだ。

ヴァリスは複雑な宇宙を創り出す

13チャクラでは、一番上の頂点がキリストボディーとされている。これは、神智学で言うところのアートマンである。マリア・ステファノは、それを魂と書いていたが、間違いである。霊としたほうがよい。魂というのは、その下のデュートロコスモスだ。

基本的に13チャクラは、一つの恒星を基準にしていると思うのだが、カバラの生命の樹では頂点はケテルになる。ケテルは一つの恒星と考える。アレイスター・クロウリーの本でも、これは一つの恒星であるとされている。

頂点が一つということになれば、下部の構造が綺麗に地球に繋がっていることになり、混乱しなくてすむ。ところが、私が説明したように、法則6のマクロコスモスには、多様なトリグナの不均衡をフィックスしたところの多くの恒星があり、それらが広がっていく巨大な知覚ネットワークであるヴァリスがあり、それが宇宙連合であるとしたら、たくさんのキリストボディーがあることになる。

なぜキリストと言うのかという点が、私には少し理解できないのだが、キリストは一つの民族の預言者である。預言者は一つの民族から登場する。外部から来たものではいけない。そのため、一つの民族は一つの恒星のルーツを持っていることになる。そのため、一つの恒星が預言者キリストなのであれば、13チャクラは一つの恒星であり、あるいは一つのアートマンであり、アヨコスモスにおける一つの不均衡パターンであるというふうに考えればいいということになる。

しかし、フラワー・オブ・ライフにおいては、複数の恒星が集合する構造になっているので、いろんな種類のキリストボディー、あるいはアートマンが集合して知覚ネットワークを成していることになる。そういう点を比較してみるのも、面白いのではないかと思う。

確かに、一つのキリストボディー、あるいはアートマンを頂点にすれば、複雑さを免れ、シンプルでまとまりがよい13チャクラになるだろう。

一方で、このヴァリスをベースにすると、非常に複雑な宇宙になってくる。人によっては、理解不能になってしまうかもしれない。物質的、三次元的にバラエティーがあるわけではなく、多次元的なものがそこに入り込んでくるので、現代の地球人の頭脳ではほぼ処理不能だからだ。

スピカとフラワー・オブ・ライフ

フラワー・オブ・ライフを入れないことには、グレート・セントラル・サンやヴァリスというものを理解することはできないのだが、このフラワー・オブ・ライフというのを、私はスピカに関連付けて説明している。

というのも、以前、私はスピカに体外離脱で行ったことがあり、そのときに見たのが花の星のようなところだったのだ。平地がなく、不思議にすべてが尖っているのだ。まるで花びらだけが集まったような感じであった。スピカというのは、もともと、スパイクという言葉が語源だが、英語のスパイク（spike）とは麦の穂のことだ。また、スピカでは球体時間だと言われている。

私がスピカから地球に戻るときには、未知の存在がまるでどこからか湧いてきたかのように現れた。それはスピカ人で、自分も地球に連れて行けと私に言った。そのため、あたかもタンデムのように、私の背中にスピカ人を乗せて地球に戻った。そのときの彼はどこからやって来たのだろうか。

フラワー・オブ・ライフ、スピカというのは、さまざまな円の集合で作られており、その中の特定の部分をピックアップすることで、そこに生命体を作っていくという構造になっている。たくさんある多次元的な要素の中の、特定の部分を切り取るのだ。そして、特定の存在になっていく。なぜならば、存在というのは限定だからだ。そのため、存在が突然に消えて、次にまた別の部分が集まって存在を作っていくというような構造になっているのだ。そういうふうに、さまざまな時間、さまざまなレベルの特定のものを切り取り、それが一つの生命体になっていくのが、前述したミンタカ＝アルニラム＝アルニタク構造ということだ。七つのボディーの上限をミンタカが決め、アルニタクが下限を決め、その間に七つのボディーとしてのアルニラムという存在が生まれるわけだ。そして、そのミンタカが上の方にズレていくと別の存在形態になる。あるいはまた、ミンタカが下に降りていくとこんどは別の存在形態になるという、伸び縮みするようなものが、このオリオン三ツ星の形である。

現れてきたスピカ人というのは、あるレベルのフラワー・オブ・ライフの、たくさんの円の集合の中の、その円のいくつかを合わせたようなところで生命体が形成され、そして消えていき、また別のところで作られていく存在なのだ。そういう構造がフラワー・オブ・ライフなのである。

筒になった男たち

私のこの宇宙論を説明するにあたっては、フラワー・オブ・ライフは不可欠だ。フラワー・オブ・ライフをスピカ・システムと言い換えることもできるのである。

スピカは太古のアトランティス時代には地球に通路を持っていて、アトランティスの技術のほとんどがスピカからもたらされたという話もある。その後、その通路はなくなってしまったという。

私が体外離脱でスピカに行ったときには、当初は、どこに行くかもわかっていないのに、通路がないと私は怒っていた。「どこに行くかもわかっていないのに通路がないなんて、いったいどういうことだ」と訝るだろうが、意味は同じなのだ。通路がないから、どこに行くかがわからない。どこに行くかがわかってれば、通路があるということだから。そんなふうに、通路がないと怒っていたら、現れた男性数人が溶けてパイプ状の通路を作ってくれたのだ。その中を私は、ぐるぐると螺旋状に回転しながらスピードを上げて移動した。スピカはアトランティス時代には通路を持っていたが、長い間途絶えていたという話を先にした。私がスピカに体外離脱したときに通ったトンネルこそが、この昔あった通路を復活させたものだったのではなかったかと思う。そのときに数人の男性が溶けてパイプとなって繋いでくれたことに、私は非常に強い感謝の念を抱いた。彼らは人の形を犠牲にしたからだ。これを、日本の神話で言うところの「筒になった男たち」として、住吉三神と考えてもよいかもしれない。先述したが、住吉三神は弁財天の別名、オリオン三ツ星のことでもある。

この通路を通じて私が地球からスピカに行ったことで、だいぶ長い間途絶えていたこの地球との通路をスピカが再開させるとして、スピカ人が自分を地球に連れていけと私に言った。この通路は、地球からスピカに行くだけでなく、スピカから地球に降りてくる通路にもなる。そして、それはアトランティス時代にはあった、ずっと埋もれたままでいたものをアクティベートしたということなのだろうか。

このように、さまざまなマトリックスがあるのであり、ここで説明したものは、その一部でしかない。これが、非常に大きな集合体として、ヴァリスという形になり、それが宇宙連合であり、拡張して巨大な知覚ネットワークを作っていく。拡大するつど、今までまったく知らなかったことが明らかになっていき、記憶が創造されるのだ。

iii

マクロコスモス part2

恒星意識

七つのコスモスの三番目、マクロコスモスについて説明する前に、恒星意識について触れておく。

前述したように、これは13チャクラでは一番上のキリストボディーで、ブラヴァツキーの言葉ではアートマンと呼ばれる。七つのコスモスにおいては、第三宇宙マクロコスモスの一番下の階層が恒星意識にあたる。

では、この恒星意識の中身はどうなっているのか、もう一度、サーンキャ哲学を借りて説明してみよう。サーンキャ哲学でのトリグナを三角形の図形として考えてみる。もちろん、実際は三角形などではないが、サットヴァ、ラジャス、タマスのトリグナの三つの要素を三角形として図示してみる（図7）。これは、アヨコスモスにおける「三の法則」を表している。

前述したが、トリグナにおけるサットヴァは、静止し受動的な要素「純質」である。ラジャスは、活動的な要素「激質」である。タマスは、不活性で抵抗する要素「鈍質」である。このトリグナの不均衡に対して、受けに回る三角形があり、これはこの不均衡を調整して安定させることを意味する。

恒星意識には、このトリグナ、つまりサットヴァ、ラジャス、タマスという三つの要素が含まれている。さらに、トリグナの不均衡を固定する力、継続性を与える、受けに回る三角形も組み込まれており、全体として恒星意識は法則6、つまり六つの要素によって成り立っていると言えるだろう。ここにはアヨコスモスのトリグナが含まれているわけだから。

この恒星意識の三つの要素（サットヴァ、ラジャス、タマス）は、それぞれ何に対応しているのか？

サットヴァは、ブディ（覚）に対応する。ブディは純粋な知覚であり、無から発生した純粋な意識である。地上に住む私たちは何かを判断するときには、比較や参照を通じて行うが、このブディとは、「何によって」とか「参考にするもの」が最初から存在しない知覚である。いわば、「なぜそう思ったの？」と問われても、「そう思ったから」という知覚である。それは創造の光線の分割によって作られているわけだから、下のほうから上がってくる意識とは異なるものなのだ。無から始まっている純粋知覚である。

動きに抵抗する性質のタマスは、マナス（思考）に対応する。マナスは、純粋な思考であり、それを霊的思考と言ってもかまわない。

ラジャスに対応するのはアハンカラである。アハンカラは自我という意味である。サーンキャ哲学は人間の心の働きや思考の働きといった形での説明をしているので、修正が必要である。つまりここでは宇宙原理として語っているのであって、人間の話ではない。そのため、自我という言葉を用いると、まるで「我執」といったような意味に囚われてしまう。それではこの恒星意識を説明するには正しくないので、この自我を「霊我」と言い換えるのがよいと思う。

真我という言葉があるが、これはマクロコスの一番下にある恒星意識の中の三つの要素の一つである霊がアハンカラであることに対応するものだ。ブラヴァツキーがアートマンと言っているのはこれではないだろうか。シュタイナーは自我とは記憶の継続だと言っている。記憶が継続していなければ、自分というものもまた継続しない。自我というのは自分であることを続ける、すなわち記憶の継続ということになる。すると、この対応関係というのは変えたほうがよいのではないだろうか。つまり、動きに抵抗するのがタマスなら、これに対応するのは霊我、アハンカラではないかと考えてもよいと思う。ラジャスは常に変化する。とすれば、継続する自我がその次に作り出すのが純粋思考ということになる。

継続する自我はその自我の対象として思考を生み出すということになるわけだから。とするなら、この対応表は変更したほうがよいのではないだろうか。

純粋なサットヴァが、純粋知覚の何の根拠もないようなところでの知識としてブディを作り出し、その次にアハンカラ（霊我）があり、これは継続性を持っている。そのため、動きに抵抗するので、タマスに連動する。今度はこのアハンカラから思考が始まるわけだ。アハンカラから始まった思考は次から次へと繰り出されていくので、それはラジャスと似ているのではないか。そんなふうに対応を組み替えてもよいのではないかと考えるが、順番として、まず恒星意識としての知覚＝ブディがある。そのブディによって自我＝アハンカラ、あるいはアートマンが生まれる。そして、自我（アハンカラ）があると、その自我は休みなく思考を生み出す。つまり、マナスを生み出す。すなわち、作る順番としては、ブディ、アハンカラ、マナスとなるわけだ。とはいえ、このトリグナではその三つのグナが流動するのに、いちいち抵抗していくのがタマスということになるから、この作られていく順番としては少し違う形になり、六角形の図に対応させる場合には、このサットヴァとブディの関係だけは固定したとしても、ラジャスに

図7

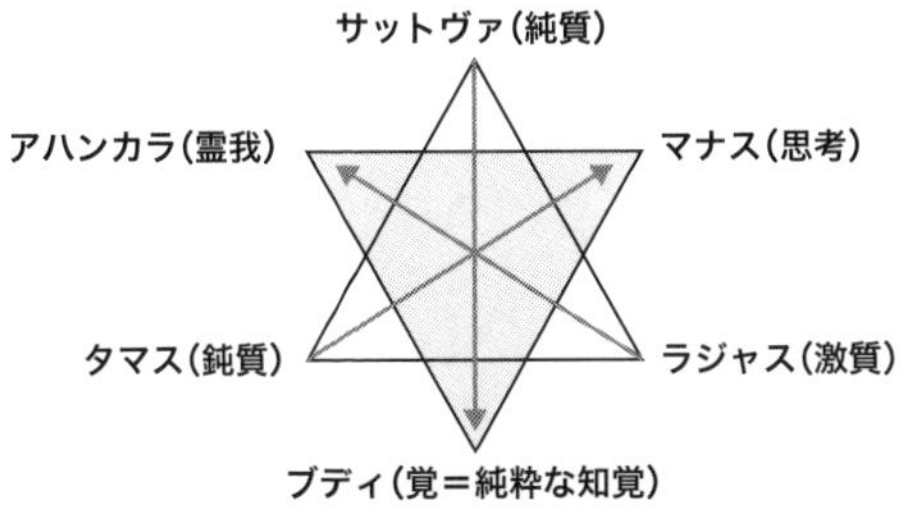

対応するのはアハンカラなのか、それともマナスなのか、タマスに対応するのは霊我なのか、霊我はずっと継続するのでラジャスではなくてマナスなのか。などと、さまざまに順番が変わる可能性があるので、六角形の図では矛盾が発生する。興味がある人はこの組み合わせについて考えてみてほしい。

アヨコスモスではまずサットヴァ（純質）があり、次にラジャスが発生するというようにして動きが始まる。そのことに抵抗し、安定させようとするのがタマスということになり、これがプラクリティの中に存在する。それがマクロコスモスに行くことで、今度はブディが始まり、アハンカラ、あるいは霊我、あるいは真我が始まり、それから休みなくいろんな思考を生み出すのでマナスが始まりというように、六角形の図の場合はプロセスの順番として法則6を説明したほうが正しいかもしれない。

創造の光線、すなわち無からやってきたものが自己分割をして宇宙ができあがるわけだから、恒星意識というのは、いわば暗闇の中でただ一人光る意識のようなものである。完全自立と言ってもよいかもしれない。完全自立ゆえに相対性にはまったく振り回されないということだ。そもそもブディがそうであり、何にも依っていない、参照するものは何もない。純粋な思考が生み出され、何ものからも影響を受けることなく暗闇の中でただ一人光るというイメージなのだ。

恒星との一体化

恒星はスター、惑星はプラネット（ギリシャ語で「彷徨う人」の意味）だが、惑星は太陽の周りを回っているので、私はよくメリーゴーランドと呼ぶ。これは太陽に依存しているということだ。太陽に数多くの惑星が依存している。そこには自立性の無さによる「押し合いへし合い」という横の関係性が生じる。加えて、浮き沈みという状況の変化もある。惑星はスリコギ運動（歳差運動）をしているので、横からはサインカーブ（正弦波）のように見える。この曲線を季節に対応させると、昼と夜の均衡があるところが春で、それから昼が一番長いのが夏、夜が一番長いのが冬である。陽のピークが夏で、陰のピークが冬ということだ。夏に浮き上がり、冬に沈むというこの動きそのものが浮き沈みである。

惑星は、太陽の周りを回転することで非常に激しく変化を蒙る。一方で、太陽はメリーゴーランドの軸であり、この軸がグラつくと回転木馬はみな倒れてしまうので、軸は不動でまっすぐ立っている必要がある。そして太陽は恒星であるから、メリーゴーランドの軸というのがすなわちこの恒星の完全自立という意味になる。浮き沈みはない、変化はないということだ。変化がないのは、自分が存在する根拠というものが、他のものに依っていないということである。つまり、「ただある」ということだ。恒星の成分としてのブディ、アハンカラ、マナス。ブディが直接知覚としての「覚」。そしてアハンカラ（霊我）、ずっと存在し、継続する自我から作り出されていくマナス（思考）。浮き沈みなしでずっと存在する、ある意味での永遠性ということだ。どんなものにも振り回されないものが恒星意識である。

これに比較して、太陽に依存している惑星は太陽の周りをサインカーブのように浮き沈みしながら回転している。スターとプラネットという対比から考えるとわかりやすいのではないだろうか。

この恒星意識というのがマクロコスモスでの一番下の階層である。恒星意識が作り出したその一つ下の宇宙が第四宇宙デュートロコスモスだ。デュートロコスモスは、グルジエフの説明では、太陽、あるいは太陽系である。太陽は恒星だが、そこに回転木馬という惑星をぶら下げることで恒星は太陽系の太陽になっていく。そこから世界が始まる。デュートロコスモスが世界の始まりである。

世界の始まりとは、時空の始まりである。いわば、遊園地がここから始まりますということ。そして、そこには回転木馬がありますということだ。

時間の流れの中で、あるいは空間内の場所で、ああでもないこうでもないというふうに惑星が横の関係性において互いに影響を与える、そんな賑やかな遊園地がデュートロコスモスである。

それに比べてマクロコスモスは恒星であり、暗闇の中でただ一人光り、完全自立してびくともしない。私は恒星探索というものを勧めているが、自分が一番根拠となる恒星に到達し、それを探索し続けると、ある日、恒星が自分になってしまう。つまり、恒星をターゲットにしていたのが、ずっと集中し続けることで自我の移動が起き、恒星が私なんだという、恒星との一体化が生まれるということだ。そういうプロセスが起こったときに、この「暗闇の中でただ一人光る私」が手に入る。それがこのブディ、それからアハンカラになり、アートマンになっていくことなのだ。そして、そこには永遠性がある。

複数のグレート・セントラル・サン

デュートロコスモスの一番上がグレート・セントラル・サンである。これは先述したように、太陽系の太陽は周りに惑星を従えているのに対して、グレート・セントラル・サンは周りにその太陽系を抱え込んでいるということだ。動きの周期が非常にゆっくりしているので、ユクテスワは太陽系はグレードセントラルサンの周りを二万四千年かけて回っていると言っている。このあたりから天文学、科学などの考え方とは合わなくなる。グレート・セントラル・サンの存在を科学的に立証するのは不可能であるが、グレート・セントラル・サンがデュートロコスモスの一番上の階層にあり、そしてデュートロコスモスの一番下の階層にこの太陽系の太陽があるのだ。

グレート・セントラル・サンは複数あると先に説明した。今まではアルシオンがグレート・セントラル・サンだったが、これからの時代はシリウスがグレート・セントラル・サンであるという説があるが、このように複数のグレート・セントラル・サンがある以上は、デュートロコスモスの一番上の階層はグレート・セントラル・サン単体ではなく、複数のグレート・セントラル・サンであると考えるべきだ。この複数のグレート・セントラル・サンにおいては、どれが中心なのかということはない。今まではアルシオンがグレート・セントラル・サンだったのがこれからシリウスになると言うと、交代というものがあると考えるかもしれないが、グレート・セントラル・サンそのものからするとそういう交代、ないしは変化というものは存在しない。地球から見て、この太陽系が従属するグレート・

セントラル・サンが変わるというだけなのだ。

複数のグレート・セントラル・サンから一つの太陽系に繋がるデュートコスモスの構造を混乱なく理解するには、先述した神聖幾何学フラワー・オブ・ライフを参考にするとよい。

神聖幾何学とは、そこから無限に智恵が生まれてくる、その図を見るとそこから数多くの知識が生産されてくるというものである。神聖幾何学と呼ばれているものはたくさんあり、たとえばグルジエフのエニアグラムもそうだし、実を言うと占星術の12サインもそうだし、ピタゴラスのテトラクテュスもそうである。そういう図形からたくさんの智恵が生まれてくることを神聖幾何学と言うわけだ。このフラワー・オブ・ライフを持ち出すと、複数のグレート・セントラル・サンの関係が考えやすい。

私がなぜこのフラワー・オブ・ライフをスピカだと言うのかについては先述したが、繰り返しを承知で書くならば、私がスピカに体外離脱して行ったときに、スピカには平地がなく、花ばかりが咲いてるような星だったのだが、それから30年後にメルキゼディクの本を読んだとき、スピカで見たものはフラワー・オブ・ライフだったのではないかと考えたからだ。

このフラワー・オブ・ライフの特徴は、この中にヴェシカパイシスがあることだが、メルキゼデクが図中に書き入れた黒い太線のように、この中には生命の樹もまた入っている（図8）。生命の樹は惑星に対応させることができる。カバラやゴールデンドーンではそういうことをよくしている。この場合にはマルクトが地球にあたる。イエソドは月である。ネツァクは金星である。ホドは水星である。太陽がティファレト。火星がゲブラ、それから木星がケセドである。古典的なところでは土星までしか考えていないので、ビナーを土星に割り当てる。それ以降は存在しない。しかし、私はこれは現代風に考えたほうがよいのではないかと考えている。

この隠されたポイントのダートというものがある。生命の樹では通常はこれは表現されないが、ここを土星にする。次にビナーを天王星にする。次にコクマーを海王星にする。頂点のケテルが冥王星となる。これが現代風の生命の樹、つまりトランスサタニアンの天王星、海王星、冥王星を入れた、そして隠されたセフィロトとしてのダートを表面に引っ張り出して、これを土星にした生命の樹である。なぜダートを引っ張り出すのかというと、生命の樹とエニアグラムとを整合させたいのだ。エニアグラムというのは左右対称になっていて、生命の樹と合わせるためにはこのダートがないとうまく説明がつかない。つまりティファレトを境に図形を上下対象にした場合、イエソドとダートが対応関係にあるという意味になるからである。ここまでの話を次ページの図8にまとめておく。

この生命の樹は、我々の太陽系ということだ。フラワー・オブ・ライフでは、生命の樹に、さらに別の生命の樹が隣接している。そして、その隣にもさらに別の生命の樹がある。さて、図8のように、Aの位置をAの太陽系と呼ぶ。その隣をBの太陽系と呼ぶ。同様に図のように、C、D、Eの太陽系と呼ぶことにする。ここではこのA～Eの太陽系がお互いに食い込み合っているようになっている。つまりCの太陽系の右（生命の樹にとっての右側で、実際は向かって左になる）半分の場所に太陽系Bがあり、その右半分にAの太陽系が食い込んでいるというふうに、ABCDEは、それぞれ孤立しているのではなく、食い込み合っているわけだ。

さらに、この図形をよく見てみるとわかるのだが、太陽系C（我々の太陽系）の真横に太陽系Bがあるのだが、ここに段差がある。その上側と下側というふうになってくるので、そこで私はこれをB'があると説明することが多い。これでこの太陽系がABB'CC'DD'Eというように、七つの太陽系が食い込み合い、干渉し合っているという構図になる。このあたりについても、科学的には理解不能となる。

この七つの太陽系がお互いに食い込み合っているという関係を説明したい。この太陽系の頂点は冥王星である。この図を見てわかると思うのだが、この太陽系そのものであるこの生命の樹は、ケテルを頂点にしてマルクトを一番下に見ている。するとこの円が、お互いに食い込み合ったところでの三つの円ということになる。ダートを中心にした円。それからその下のティファレト（太陽）を中心とした円。それからイエソドの円。この三つの円において、イエソドの一番下がこの生命の樹の一番下のマルクトになる。また、ダートの円の一番上がケテル、限界点ということになる。上限がケテルで、マルクトが下限ということだ。三つの餅を串刺しにしたみたいなものがこの太陽系Cの生命の樹であると考えると、隣のBというのはBの餅の上の方にある二つの餅を加えた、これまた三つの餅というようになってくるわけだ。Aはこの太陽系Cと同じ形（三つの餅）と考えてもよい。それからDもEも同様である。

デュートロコスモスの頂点には複数のグレート・セントラル・サンがあるが、その関係性を考えてみたい。冥王星の上に、図8のように、もう一つ円を書き加えていく。そして、その円の中心にグレート・セントラル・サンを置くのだ。すると、この円の円周の一番下に、この太陽系の頂点としての冥王星が位置するという構図になる。冥王星（ケテル）を従えている太陽系がこのグレート・セントラル・サンの周りを回っていると考えればいいわけだ。

グレート・セントラル・サンの円にも、他の円と干渉する六つのポイントがあり、一つがこの冥王星だが、では残る五つ場所とは何なのか。このとき、エジプトのピラミッドの構造を参考にしてみるとよい。

女王の間がシリウスに繋がっており、王の間の上にあるのがオリオン三ツ星だった。さらにその上に竜座のトゥパンが繋がっていたという関係性をあてはめてみる。すると、グレート・セントラル・サンの周りを取り囲むものとして、左側のポイントがシリウスにあたる。右側がオリオンである。ピラ

図 8

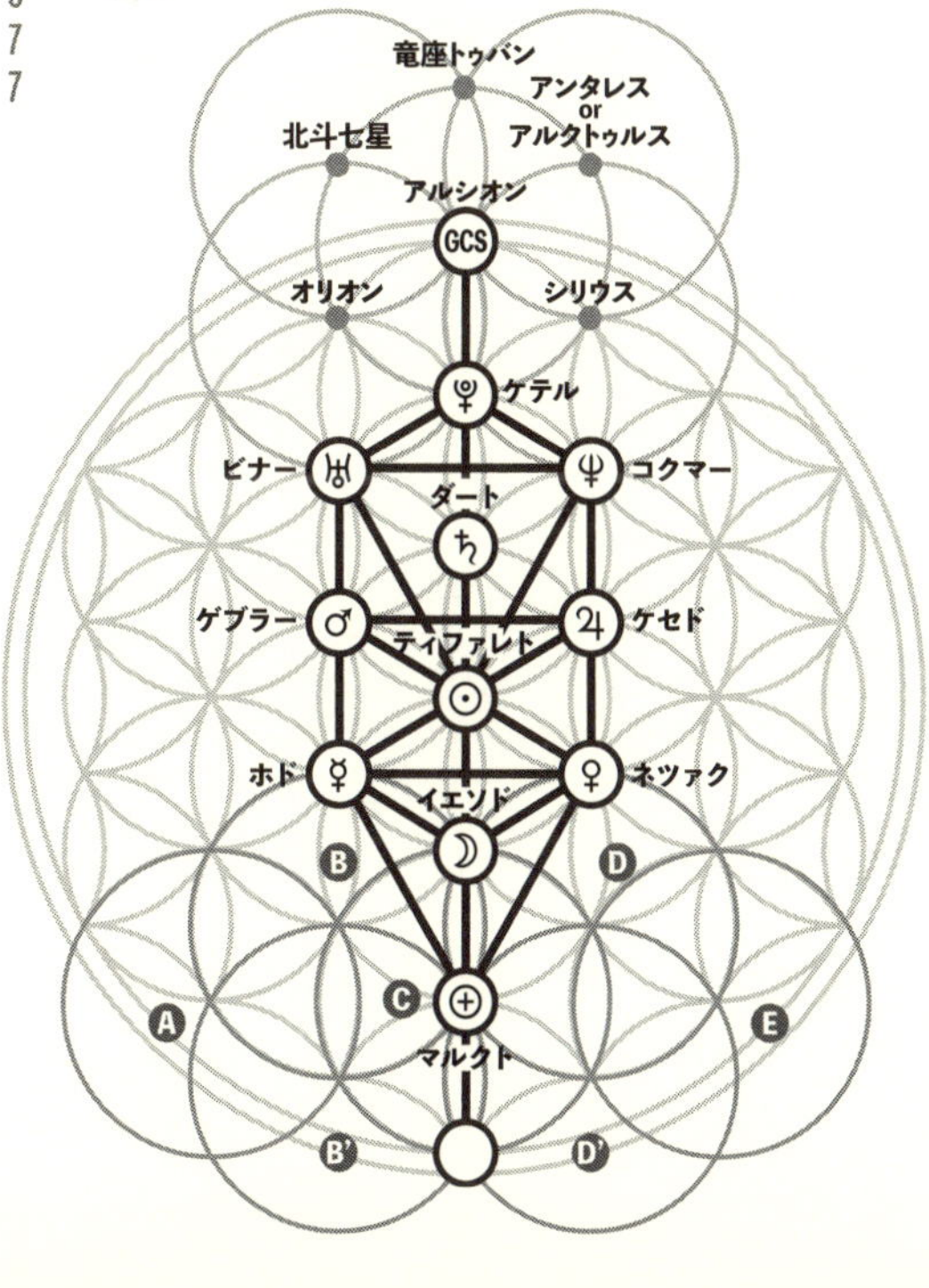

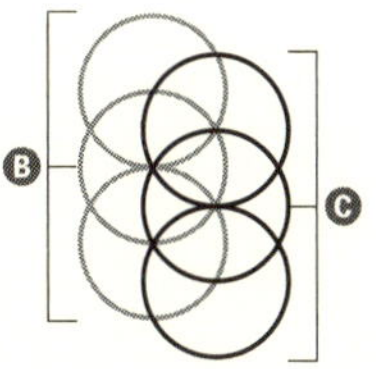

▲太陽系BとC
'の「三つのお餅」の重なりは上のようになる。

ミッドでは一番上が竜座のトゥバンだったので、図でも一番上を竜座とする。ピラミッドができあがった頃というのは北極星がトゥバンだった。竜座は非常に巨大であり、そのため、トゥバンが中心であるというよりは竜座そのものが巨大な龍であるということになる。

ちなみに、この銀河のアカシックレコードの図書館の最大規模のものがこの竜座である。ギリシャ神話でのゼウスの妻のヘラの果樹園は、アカシックレコードの図書館をたとえたもので、それを守っているのがラードーンという竜である。このラードーンは円谷プロの怪獣映画ではラドンになる。アカシックレコードの図書館を守る管理者がいて、アカシックリーダーがアカシックレコードを読もうとしたときは必ずこの管理者に許可を得なければいけない。それがギリシャ神話ではラードーンになるのである。

この太陽系は竜座に従っている。太陽系の太陽の北極軸は竜座にある。ゆえにこの図においても頂点は竜座にする。右側には北斗七星が入り、左側にアンタレス、あるいはアルクトゥルスを入れてみる。この図においては、グレート・セントラル・サンはアルシオンだが、このアルシオンの周りをオリオン、この太陽系、シリウス、アルクトゥルス、トゥバン、北斗七星が取り囲んで回っていると考えるが、これはエジプトのピラミッドから考えても妥当なところではないだろうか。だが、この図を見て、少し疑念が浮かぶかもしれない。このアルシオンというグレート・セントラル・サンの周りを回っている、これらの恒星もまたグレート・セントラル・サンではないのかということだ。つまり、グレート・セントラル・サンの周りをグレート・セントラル・サンが回ってるのはなぜなのか。これをうまく説明してくれるのがフラワー・オブ・ライフである。

自我の移動と交換

フラワー・オブ・ライフを理解するには、図9に示したような二つの円の関係を考えてみるといい。この円の中心は、意識、あるいは自我と考えてもよい。そしてこの円周は、「対象意識を継続するには対象が必要である」という意味での対象と考えることができる。すると図では、円Aの自我が中心点Aであり、円Bの中心点がBの自我となる。そうすると円Aの対象というのが円Bの自我に接触している。あるいは、円Bの対象が円Aの自我に接触している。互いに円周が相手の自我に接触してるということである。そして、この二つの円が重なった部分がベシカパイシスである。ベシカパイシスは、二つの宇宙を結びつけるといった意味があるのだが、このとき、幾何的に見れば、二つの中心点の長さ、

図9

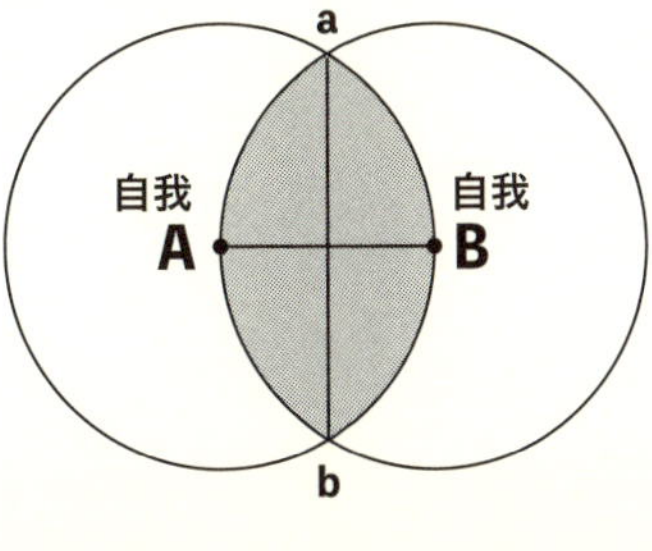

A—Bを1とすれば、a—bの長さは$\sqrt{3}$になる。$\sqrt{3}$はおよそ1・73ぐらいである。

さて、私は自我の移動の説明をするときには、これをよくシリンダー錠の鍵穴にたとえる。鍵が閉まっているときには縦になっているシリンダー錠の鍵穴に、鍵を入れて回すと鍵穴は回転して横になってカチッと鍵が開く。図9のa—bの線が、解錠されていない縦の鍵穴だとしたとき、円Aと円Bは双方に120度分(a—A—bの角度は120度。a—B—bも同じ)だけ食い込んでいると考える。つまり、相手に対して3分の1しか開いていないということだ。対人関係にたとえれば、相手を完全に理解はしていないということになる。相手を3分の1だけ理解しているが、完全に受け入れているわけではないということだ。ところが鍵をカチッと回すと、自我Aと自我Bが交互に移動し、一体化するのである。いわばドアが開き、互いを受け入れるのである。

インド哲学者の横山紘一氏は、十牛図に関する著作の中で、第八図(図10)では自我と対象が溶け合い、交換されてしまうと述べている。たとえば、「私はバラを見ている」の

図10　十牛図の第八図

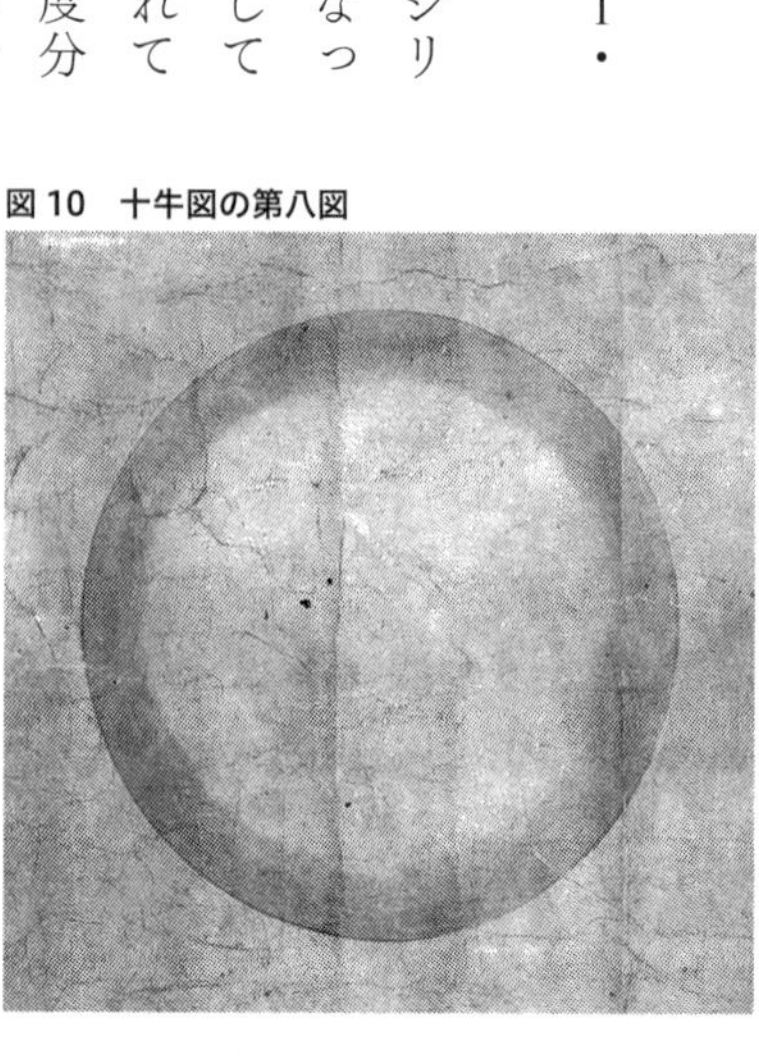

だが、そのうち今度は反対に「バラが私を見ている」というように自我の交換が起きると、「バラが私である」ということになる。バラが私を見ているときには、私が対象であるということである。鍵穴に鍵を差し込んでカチッとA―Bのほうに回すと、円Aの自我と円Bの自我が一体化して入れ替わってしまう、このペシカパイシスの現象。それが十牛図第八図の境地なのだ。

先述した、グレート・セントラル・サンの周りをグレート・セントラル・サンが回っているという構造は奇妙ではないかという疑問についてだが、事実としては、周りを回っているわけではない。フラワー・オブ・ライフでは一つの円に対して六つの円が食い込み合うという構造になっているのだが、たとえばアルシオンのグレート・セントラル・サンがやがてシリウスのグレート・セントラル・サンに変わるというのは、図9に示したように、もう一つの円があり、そこがペシカパイシスとなって入れ替えを起こすということである。つまりアルシオンの自我が、今度はシリウスの自我に移動しているのだ。アルシオンの周囲のグレート・セントラル・サンはみな対等な関係にあり、その自我を移動しようとすれば移動されるということだ。

アルシオンとアンタレスもそのような関係であり、トゥバンも、北斗七星も、オリオンも同様だ。この太陽系もそういう関係と考えて、互いに六つのグレート・セントラル・サンが干渉しあって互いが成立している。つまり一つの太陽系、あるいはグレート・セントラル・サンが単独で存在するということではない。その六つの円が支えあって一つのものが存在するという構造を持っている。たとえばオリオンは、この真下の太陽系Cの天王星に対応する。シリウスの真下の部分がコクマーで海王星に対応する。そういう意味でこの太陽系というのはオリオンとシリウスが食い込んでいる構造になっている。エジプトの文明はオリオンとシリウス、竜座のトゥバンに基づいていると考えたときに、このオリオンとシリウスが太陽系Cに半分食い込んで存在するという点を考えてみればいい。そして太陽系の北極軸が竜座を中心に回っているのは、すなわち真上に竜座のトゥバンがあるからだと考えていけばいいということになる。

ただ、このアルシオンというグレート・セントラル・サンの周りを回っている六つのグレート・セントラル・サンについては、これを固定して考えない方がいい。ここには難しい問題がある。三次元的に地球に住んでいる私たちは三次元的に物を見る。それは平面的な発想を強いる。だが、さまざまな次元が輻輳し、重なりあって構成されている世界においては、ヴァリスの話で説明したように、別次元的な、位相が違う世界のものが多様な知覚意識として入り込んでくる。だからそういう意味ではある一つの切り口で分類しても、異なる切り口というものがすぐに出現してくるので、平面的に「この図で決まりだ」とは考えないほうがいいのだ。これは互いの干渉関係なのであり、その組み合わせ自体が変わることもある。そういうダイナミックなものをフラワー・オブ・ライフでは考慮に入れる必要があるということだ。すなわち、グレート・セントラル・サンはそれぞれ対等の関係であり、ベシカバイシスで自我が移動したり、入れ替えを起こしたりするということなのである。

五次元意識

先に、このフラワー・オブ・ライフはスピカだと書いた。そしてスピカは球体時間だと。私が実際に見たところでは、実際にはフラワー・オブ・ライフのような規則的な配列にはなっていない。私は、スピカを「イカナゴのくぎ煮」にたとえる。あるいは針金を握りつぶした形だ。相当複雑なのだ。これがスピカの球体時間で、複数のタイムラインが他のタイムラインとネクサスポイントを通じて繋がっている構造である。複数のタイムラインが複雑に絡み合い、なおかつ直線ではなく、針金が曲がったようになっている、非常に複雑な宇宙という感じである。

これがフラワー・オブ・ライフの実体であって、平面的にきちんとした綺麗な図形として描かれているわけではない。こう書くと、神聖幾何学をまさに幾何学的に考えている人たちは混乱する。「綺麗な図形になっていないではないか」「実際の宇宙はぐちゃぐちゃなのか」と言い出し始める。このあたりが、地上に住む人間の知性の限界である。宇宙構造を説明しようとすると、きちんとした三次元秩序で考えようとする頭脳そのものがネックとなり、正しく理解できないのである。

この三次元秩序は、神聖幾何学においても、コンパスを使ってきっちり作図し、寸法はこうだと描こうとするわけである。それが宇宙の法則を示していると考えてしまうのだが、これは三次元秩序に縛られ、支配されていることだ。それは、宇宙の法則を真に理解することを不可能にする。

なぜ我々は三次元秩序できっちり作図して考えてしまうのだろうか。アインシュタインが基準にしたミンコフスキー時空を考えてみよう。ミンコフスキー時空は、3次元プラス1次元時間という4次元時空を表している。この構造を大元にして、アインシュタインは自分の理論を発展させていったのだが、この順番だけを見ると、三次元の上に一次元時間が乗っているような考えになる。だが、それでは四次元構造は理解できない。そうではなく、時間の上に三次元空間が乗っていると考えるといいのだ。時間の上に三次元空間が乗っているというのは、すなわち、時間の進行とともに三次元がだんだん変形していくことになる。

一人の人間は、成長していくにつれて体の形が変わっていくが、それは規則的に一方的に進んでいく時間ということを示す。この一次元時間というのは、一方向時間ということだ。いわば飴のように伸びた時間の中に空間がぎゅっと伸ばされたようになっている、そんな形で考えるわけである。「小さい私」から「老人になった私」までを伸ばしていき、「私の形は実はこうなんです、実は私は蛇だったんです」というわけである。時間の連続性で考えるとそうなる。そういうふうに見えないのは、時間の瞬間瞬間を見ているからであり、今このときしか見ていないからだ。すると「今私はこういう形です」ということになるが、時間の連続性を意識すると、「蛇のように、あるいは飴のように伸びたのが私でした」ということになるのである。

時間は規則的に進行するものだとだれもが思い込んでいる。なぜかというと、それは私たちが地球に住んでいるからである。つまり、地球の自転と公転というものに依存して、地球の上に立っているからだ。すると時計は規則的にカチカチカチと動いて、突然速くなったり遅くなったりすることがない。そういう地球の自転公転に依存して時間が規則的に動いてくれる。そういう時間の規則的な進行に依存してミンコフスキー時空の四次元というのが成り立っている。ところが、時間がもし自由に扱えることになったら、たとえば一方向時間ではなく、過去に行ってみたり、速く動いてみたりというふうに自由になったら、当然のことながら三次元空間は予想外の変形を起こし、ひずみが発生する。どんどん変化してまったくの別物になるかもしれない。

そうならないのは現在の地球上の人間にとって、時間と自分の意識が一体化しているからだ。規則的な時間への自己同一化、一体化ということである。すると、時間の流れと意識の流れが同じになり、地球の時間の規則的な動きの中での「私」が存在するようになっていくのだ。

だが、ミンコフスキー時空の時間から私（あるいは自我）を切り離すとどうなるだろうか。「三次元プラス一次元プラス私」、つまり4＋1ということになり、五次元意識になる。五次元意識の特徴は、時間を対象化することだ。シュタイナーは、時間を対象化していくと「時間をあたかも空間を歩くかのように歩く」ようになると言ってる。あるいはホセ・

アグエイアスは、「時間が動いているのではなく、私が時間の中を動いている」という言い方をしている。この二人の語っていることが五次元意識である。時間を対象化しているのだ。

だから規則的な時間に一体化していて、もう年を取ったからこうなのだとか、年齢相応に生きようというものではなく、時間と私は別物なのだ、時間の中を自由勝手に動くのだと思うべきである。時間が逆行してみたり、速く進行してみたり、さらにはスピカのように、他の異なるタイムラインとネクサスポイントを通じて交流してしまう、入れ替わってしまうといったことも起き始める。すべて五次元意識になるとそういう現象を起こすということであり、アグエイアスもシュタイナーもそんな五次元意識のことを説明しているのである。

地球に住んでいる私たちは、地球時間に依存しすぎている。地球が動いていてくれるということに依存するあまり、地球時間に間借りしていることを忘れているのだ。体験や経験は、地球が動かしてくれる時間を通じておこなっている。つまり、人間は怠け者になっているのである。

ところが地球から離れるとき、たとえば死後である。人間は肉体を失い、地球から離れる。すると、突然自分で時間を動かさなくてはいけない状況になる。ところが、このための用意をしていなかった人は苦労をする。地球に依存して、死ぬ前に自分で時間を動かすという練習してこなかったのだ。そういう人は、死後、時間を動かす方法が全然わからない。そういう人を自縛霊と言う。つまり、千年も二千年もじっと同じ場所にいる。体験というのは時間の動きによって生じるのだから、この自縛霊というのは昏睡状態であり、体験というものがない。何も体験しないのだ。自分で時間を動かせないので経験というものを作れないのである。それゆえ、生きている間に時間を動かす練習をしなければいけない。それはたとえば集中力を発揮するということでもある。集中力がないと言われる人は、地球時間にそのまま流されている状態の人である。それに対して集中力があるというのは、自分の目的のためにこの地球の規則的な時間には乗らないことをいう。なにごとかに興味があり、それに集中するというのは、地球時間に振り回されていない状態ということだ。一方で、集中力がないというのは地球の規則的な時間に流され、昼が近づくと昼ご飯を食べなければと思う惰性的な生き方だ。

時間の動かし方を身につける練習として、目的に向かって集中力を発揮することがまずはアプローチしやすい。

時間を自由に扱う、対象化するためには、五次元人間になろうということである。時間と私は同じではない。時間と私を切り離して、時間を対象化し、集中力を発揮して、時間の進行に対して自分がそれを扱うことができるようになるということだ。

このように、時間の上に三次元空間が乗っているのだから、時間が不規則に変化すると、三次元空間は大きく歪んだり、形を変えたりしていく。こういった構造ゆえに、幾何図形などできちんと作図すれば三次元空間が規則的になり、揺るがないのだという思考は、神聖幾何学の正しい理解ではないということになる。つまり、それは地球の時間と空間の規則性に依存して、神聖幾何学を考えていることになるからだ。実体は先述したように、「イカナゴのくぎ煮」のように非常に複雑な構造を持っている。三次元秩序で考えようとすること自体が理解にあたってのネックとなるのだ。これが宇宙を理解できない理由だ。これから解き放たれるには、時間と「私」を一体化する「時間の流れ＝私」という、地球時間に依存した意識から脱し、成長しなければならないのだ。

植物系知覚と動物系知覚

この五次元意識に関連するのだが、解剖学者の三木成夫氏は、人間の知覚には植物系知覚と動物系知覚の2種類があると語っている。植物系知覚は心臓を中心にした知覚意識で、体の内にある。それに対して、動物系知覚は体壁系で、体の外にある。

シュタイナーは、目とは、外界に対して好奇心を発揮した脳が飛び出したものだと言っている。外を見ようとするのは、体の外側を見るということだ。それに対して、植物系知覚は外に出る気がない。心臓から血液ネットワークが広がっているが、このネットワークはまるで樹木のようである。心臓は血液を運ぶポンプだと多くの人は考えているが、心臓には全身に血液を運ぶだけの力はない。血液ネットワークの長さはすさまじく、それだけの距離をあの小さな心臓一つで血液を移動させるのは無理なのだ。血液は筋肉をはじめとした他のさまざまな要因によって流れる。心臓の役割はむしろ血液ネットワークの情報収集センターだ。ゆえに、脳で考えるのが動物系知覚で、心臓で考えるのが植物系知覚ということになる。三木成夫氏は、「思」という漢字は、この動物系知覚と植物系知覚が通信し合っていることを表現しているものだと言う。そして、現代人は動物系知覚があまりにも強すぎて偏っているとも。胸で考える、あるいは腑に落ちるという植物系知覚を復活させるべきだと言うのだ。

たとえば、「春情」という言葉があるように、春が来るとなんとなく気持ちがざわざわとし、なにかを始めたい気持ちになる。一方で、現代のグレゴリオ暦に従っている人たちは、お正月が年の始まりだと考えているので、少しもざわざわしない。グレゴリオ暦は、頭で考えた年の始まりだからだ。つまりお正月は動物系知覚で決めたものなのだ。それに対して、体は心臓のリズムを持っており、それが年の始まりはお正月ではなくて春分のあたりなのだと感じている。身体は古代からこの植物系知覚のリズムに従っている。頭だけで考えるのは人間の歴史においてごく最近のことなのだ。

三木成夫氏が言うように、動物系知覚、すなわち目による知覚が現代では強調、偏重されていることから、たとえば天文学でも対象は目で見た宇宙であり、恒星や惑星も正確に計算して三次元的に判断することになる。ところが植物系知覚は体内から感じる。言い換えれば目で見たものではなく、共鳴によって感じていく。これを共鳴知覚と呼んでもいいかもしれない。古代人は、惑星を植物系知覚で見ていた。一方、科学が発展した現代では「天文学」で惑星を見ている。そのため、たとえば昔の人は土星までしか認識ができず、天王星、海王星は天文学が発展した後に発見されたと考えられている。だが、古代遺跡を見てみると、なぜか海王星や冥王星が記録されているのである。いったいどういうことなのだと、だれもが思う。それは、植物系知覚で認識していたということだ。遠い星でも植物系知覚では直接知覚できるということだ。恒星や星座の神話は植物系知覚で認識されたものであるが、天文学はその神話を否定する。それは、動物系知覚だけで認識しているからだ。この動物系知覚と植物系知覚の両方を組み合わせることが、三木成夫氏は正しい人間のあり方だと言う。

このことと、先述した時間の自由性とは密接な関係がある。つまり、空間が規則的に決まっているというのは、この動物系知覚によるものだからということだ。動物系知覚で宇宙を見れば、形が明確に決まっている。ところが、植物系知覚で見ると、それはかなり違うものとなる。たとえば、フラワー・オブ・ライフのように、球体時間でしかも複雑な構造を持っているのが植物系知覚における認識だ。一方で、動物系知覚で見るときちんと作図された形になり、幾何的な寸法がどうだこうだというところから理解しようとする。

占星術の不思議なところは、天体計算は天文学的に計算する一方で、金星は楽しみや愛情であるというように、そこに象徴性を与える点だ。言うまでもなく、これは天文学ではまったく理解不能なことである。つまり、占星術は、この植物系知覚と動物系知覚の両方を組み合わせているということだ。現代的な思考からは理解ができないのはそのためなのである。

植物系知覚はエーテル体知覚

数学にトポロジー（位相幾何学）という分野がある。トポロジーにおいては、立体は伸ばしたり曲げたりはしてもよいが、切ったり貼ったりしてはいけない。そういう点では、これは植物系知覚に近い。植物系知覚は、幼児の知覚意識でもある。生後40日ほどの幼児は、まだ物を目で見て認識できない。だからボールを認識するときには、ボールを舐め回す。それによって、球体がどういうものなのかが幼児にはわかる。

たとえば、人間の腸は腹部に収まっている。植物系知覚は幼児のなめ回し記憶なので、これで腸の内側を舐めるように移動していくと、腸はテニスコートほどの大きさがある。なめ回し記憶は、切ったり貼ったりしない。伸ばしたり曲げたり、ゆっくりとしたり、速くなったりしながら、なめくじのようにはい回って腸を調べていくと、腸はテニスコートのように大きいという認識になるのだ。

トポロジーでは、マグカップとドーナツは同じであるということが例として使われる。それは、なめ回しで知覚するのと等しい。伸ばしたり曲げたりしても同じだが、切ったり貼ったりすると異なる位相に変わってしまうと考えるのがトポロジーだ。だから、トポロジーは植物系知覚に近いと言える。

前述したように、現代人は動物系知覚に偏りすぎている。植物系知覚を復活させ、動物系知覚との両立を目指すべきだ。そういう意味において、フラワー・オブ・ライフもきちんとした作図にこだわる必要はない。「これが神聖幾何学だ」と紙の上に作図して言うのであれば、それは間違いだということだ。

動物的知覚にとって、フラワー・オブ・ライフの図の上部でのグレート・セントラル・サンが干渉しあっているところは、天文学的にはありえないことになるし、メルキゼデクがこの太陽系とシリウスは互いに回転し合っていると言っていることも、天文学的にはまったく信じられない話になる。しかし、植物系知覚では、それは正しい。実際にそれは回り合っている、すなわちベシカパイシスで関わり合っているのである。

このように、植物系知覚を考えない限り、宇宙の法則は理解できないのだ。

動物系知覚は物質的知覚であり、植物系知覚はエーテル体の知覚である。体から外に抜け出す、つまり、13チャクラで言うと7番までが体の中にあり、その次の8番がエーテル体だ。体の外である。そこではもう動物系知覚は使えない。エーテル体の知覚である植物系知覚の方に移っていく。

エーテル体で見る宇宙は、まったく景色が違う。ビジョンも違う。まるっきり別物が見えてくるのがエーテル体だ。肉体の七つのチャクラを超えてエーテル体に行くと、植物系知覚によってまったく別の事物が見えてくるのである。一方で、天文学や三次元性にこだわって考えるのは物質的知覚、動物系知覚で、その基本は肉体を持った一個人が見た世界である。個人が見た世界というのが動物系知覚であり、そこから科学、そして天文学が作られていくのだ。宇宙哲学や七つのコスモスを理解するためには、この動物系知覚では壁にぶちあたり、先に進めなくなる。

地球時間に依存し、なおかつ時間と「私」を一体化して分離せず、規則的な時間に完全に依存して生きている状態から私たちは脱しなければならない。ミンコフスキー時空、つまり直線上の一方向的に動く時間に依存し、あたかもそれがないかのように考えてしまう生き方から成長していかなくてはならないのだ。

iv

デュートロコスモス>
メゾコスモス

ブッディ体とコーザル体

七つのコスモスの4番目、第四宇宙はデュートロコスモスである。このデュートロコスモスの一番下の階層が私たちの太陽系である。

その下に第五宇宙のメゾコスモスがあり、このメゾコスモスの一番上の階層は全惑星だ。前述した〝海原〟の状態をいう。イザナギとイザナミが天沼矛《あめのぬぼこ》で下界を掻き回し、それがだんだん濃くなって島になっていく、つまり惑星になっていくのである。メゾコスモスの一番下の階層は固形惑星だ。この固形惑星の中で最も硬いものが地球である。鉄の成分が多いので鉄の惑星と呼ばれているこの地球に私たちは住んでいる。

七つのコスモスの内部はそれぞれ、さらに七つの階層に分けられると書いてきた。これは、フラワー・オブ・ライフの中の生命の樹で説明できるのだが、フラワー・オブ・ライフの場合、この太陽系Cの隣の太陽系Bや太陽系Dなどが食い込み、干渉があるので多次元的な構造となり、きわめて複雑だ〔p077・図8を参照〕。

デュートロコスモスの太陽とメゾコスモスの惑星という組み合わせで考える場合は、13チャクラとの関係をあらためて説明する必要がある。

13チャクラの11番目コーザル体がメゾコスモスにあたり、全惑星界あるいは惑星界となる。それに対して、人間世界は七つのコスモスの第六宇宙トリトコスモスである。13チャクラでいうと、10番目から下は全部、メンタル体、アストラル体、エーテル体、肉体であり、これらはすべてトリトコスモスに入ってくる。

七つのコスモスの5番目、つまり第五宇宙メゾコスモスは、13チャクラにおいては、コーザル体とされている。また第4宇宙デュートロコスモスはセレスティアルボディーに対応させたが、神智学的な定義ではセレスティアルボディーはブッディ体である。このブッディ体とコーザル体というのが、なかなか理解しにくい。神智学はかなり複雑であり、さまざまな人がさまざまな考えを述べているので、多くの人が混乱する。

たとえば、コーザル体とはいったい何なのか。これを日本語に訳すのは難しいようで、原因体という言い方もあるが、これでは意味がよくわからない。

太陽がブッディ体で、その外側を取り囲んでいる惑星の群れがコーザル体だと考えた場合、これは人間から見た惑星ではなく、太陽から見た惑星であり、双方は実はまったく似ても似つかない。共通点はあるが、同じではない。先に書いたように、人間からは見えない惑星がたくさんあるのだ。それらはガス状のまだ固まっていない惑星である。イザナギとイザナミが掻き回して固まったものが惑星として人間には見えるが、まだ固まっていない少し濃くなっているところも、太陽（ブッディ体）からは惑星として見なされる。つまり、ブッディ体の太陽から見ると、コーザル体は太陽が自分を認識するための対象である。つまり、対象によって自分を認識できればいいだけの話なので、人間から見たものとは違うところで扱われている。人間から見えない惑星、まだ物質化していない惑星であっても、ブッディ体としての太陽からはちゃんと対象として認識できるのだ。

13チャクラとの比較に戻れば、人間世界から見て一番上に10番のメンタル体がある。メンタル体というと、知性、思考、理性などをイメージするのではなかろうか。コーザル体＝惑星界は、人間の知性、思考、理性を超えた思考だと考えてもいい。つまり人間を超えた思考である。なぜ思考なのかというと、グルジエフはH48を思考と定義しているからだ。人間が扱っている思考もH48だし、人を超えた思考もH48なのだが、見る主体、自我の位置が違うのである。トリトコスモスの一番上のメンタル体、アストラル体、エーテル体、物質体というのは、人間の意識で見たところのものであり、知性もメンタル体も人間が自我があるところで見たものだ。それに対して、その上のコスモスであるメゾコスモスは、自我が人間の中に存在するのではなく、惑星の自我だということである。

それにしても、いったい、惑星の自我を想像できるだろうか？　ほとんどの人は理解できないはずだ。なぜなら、人間の側に自我があるからだ。だが、サマタ瞑想、サマディ、十牛図の第八図、そういうところでは自我は対象に移動する。ターゲットをじっと見ていると、ターゲットの方に自我が移動する。人間が惑星の方に自我を移すことも可能だ。すると、コーザル体における惑星の動きがリアルに認識できる。そのとき、人を超えた思考、H48というものが理解できるようになる。これがコーザル体なのだ。

たとえば、占星術のホロスコープを考えると、いろんな惑星が動いているのが見えるが、ホロスコープを見ている人は惑星に自我を移しているわけではない。人間の目で見て、机の上に紙があって、あるいはパソコンにホロスコープが表示されていて、そこに惑星があり、金星はこういうアスペクトを持っていると言ったとき、やはり人間の自我で見ているのだ。そうではなく、惑星の方を主体にして、そちらに自我を移動させ、そこから見ていく。すると、メゾコスモスの世界では、惑星と惑星の関わり、対人関係といってもいいが、そういうものがリアルに伝わってくる。しかし、人間の世界からすると、それは遠く離れたところから推理するような感じでしかないのだ。

13チャクラを瞑想している場合、コーザル体の瞑想も必要になる。それは、人間の思考、つまりトリトコスモスから上に抜け出していく惑星の思考となる。グルジエフが言うH48の上にはH24があり、これは全惑星意識である。ちなみに太陽はH12であり、恒星はH6である。この全惑星意識、H24は、トリトコスモスの頂点の部分、すなわち全人類レベルでの思考と関連している。

太陽と惑星の関係、つまりデュートロコスモスとメゾコスモスの関係は、太陽＝ブッディ体が中心にあり、その外側にコーザル体があることである。ホロスコープで言うなら、ヘリオセントリックのホロスコープになる。ヘリオセントリックは太陽が中心だからだ。現在多く使われているジオセントリック占星術は地球中心で、地球の上に人間が立ち、そこから宇宙を見るという視点である。言い換えれば、トリトコスモスの人間世界、そこに自我がある領域から見た惑星、太陽ということだ。しかし、ヘリオセントリックは太陽を中心にして、そこから惑星を見ている。それは太陽にとっての対象としてのコーザル体、対象としての〝海原〟になるから、印象、思考もかなり違うはずだ。

目に見えない6人の存在

フラワー・オブ・ライフでは一つの円に対して六つの円が食い込んでいるが、同じように、一人の人間も単独で成立するのではなく、いわばその人の外側に6人が存在しているようなイメージである。いずれ、誰にとっても、そういうことがリアルな認識となってくるだろう。今は無意識的に受け取る人が多いのだが、それは物質的な個人としての自分を見ているからだ。フラワー・オブ・ライフの外側に食い込んでいる六つの円は、夢の中でしか現れてこない。しかし、時間が経ち、物質的肉体性からエーテル体の方に移っていくと、リアルに登場してくることになる。

ちなみに、私の左側には、ヘリオセントリック原案者と名乗る存在がいるのだが、最近はこのヘリオセントリック原案者からの情報が私に流れ込む一方だ。ヘリオセントリック原案者が考えていることと私が考えていることが入り混じり、どっちがどっちかわからない。ヘリオセントリック原案者は、惑星を18個にしてほしいと言っている。12個では足りないので惑星を18個にしてくれと言うのは、明らかにフラワー・オブ・ライフにおける太陽系BやD、このあたりの惑星を18番までカウントしてほしいということだ。しかし、そうすると天体計算ができない。占星術でやろうと思っても、そんな惑星は発見できないのだから。ゆえに、未知の領域として扱うしかない。

ヘリオセントリック占星術、つまり太陽を中心にした惑星、メゾコスモスの図式がヘリオセントリックホロスコープになる。しかし、占星術というのは、やはり人生について考えるものなので人間が中心である。そういう観点から言えば、ヘリオセントリック占星術とは、トリトコスモスとメゾコスモスの関係を表すものであり、その構造をトリトコスモスの七つの階層の第5階層に投影したものだということになる。

しかし基本的に、ヘリオセントリック占星術のルーツは、第四宇宙デュートロコスモと第五宇宙メゾコスモスにある。はっきりした違いは、惑星に自我があるレベルで考えていく配置か、あるいは太陽に自我があるレベルで考えていく配置であるかどうかということだ。トリトコスモス第5階層のヘリオセントリック占星術は、やはり人間が見ている、人間の生に投影されたものなのだ。このあたりは混乱しやすい点である。デュートロコスモスとメゾコスモスの配置というのは、惑星に自我が移動した段階で理解することであり、考えられることだ。人間の自我のレベルで考えたときには、これはトリトコスモスのほうに投影されたものであると考えればいい。

全惑星意識はタペストリー

惑星を18個にするとか、あるいは太陽系Cの中にある惑星を用いるというところで、すでに生命の樹は使えないことになり、とすれば、生命の樹を作り変える必要がある。それは手間のかかる作業だ。加えて、物質的な紙の上に書いた図というのは正しいものとは言えない。一生懸命頭を振り絞り、生命の樹を惑星に対応するような図に作り変えたとしても、それが有益な作業かどうかも疑問だ。

太陽の周りを囲む惑星のそれぞれの軌道は、ボーデの法則のように規則的に並んでいるわけではない。創造の光線の下降、つまり無の領域＝ブラフマンから内部分割をして創られていくという考え方からすると、惑星は、真ん中にある太陽の周囲に渦状に作られていくようなイメージである。まさに〝海原〟を掻き回していくようにである。この渦の中で、それぞれの惑星はそれぞれの渦の動きについていけずに息切れをする。このへんで休みたいと惑星が考えるのである。そして、太陽からの同じ距離の場所をぐるぐる回るようになるのだ。太陽から遠ざかると、太陽の比率が減っていき、それに耐えられない、これ以上遠ざかりたくないと惑星が考えるのである。すると、この広がりの中で、それぞれの場所に留まってぐるぐる回り始める。これが惑星の軌道となるのだ。

たとえば水星が渦の中で広がっていくときに、これ以上は太陽から離れたくないと思う。離れてしまうと、水星のロゴスが失われていく、壊れていくからだ。「息切れする」という言い方は正確ではないが、太陽から離れたくないのである。そして惑星のロゴスを固定したいと願う。言い換えれば、ピタゴラスが言う数字のロゴスを固定したいと願い、広がる渦の〝任意〟の位置で止まり、惑星軌道として同じ場所をぐるぐる回るようになるのだ。

無の領域から創造の光線によって分割されて作られていく世界創造のプロセスで考えると、惑星の生成はこういう進行となる。この点から、惑星そのものよりもその軌道のほうが重要なのであり、この惑星の軌道のことを私は「目覚めている蛇」と呼ぶ。一方で「あそこに金星が見える」などという場合の固形惑星については、いわば疲れて「眠った蛇」だという言い方をする。

固形惑星は自転する。目覚めている蛇は、惑星の軌道を公転している。目覚めている蛇からすると、公転の方が重要だ。しかし、眠った蛇からすると、自転が重要だ。公転と自転の組み合わせは、トーラスだと考えればいい。トーラスとはドーナツ状の多様体で、内部の回転が自転、全体の大きな回転が公転だ。

ある人から「トーラスエネルギィワーク」をしているという話を聞いた。どういうものですかとたずねたら、「りんごみたいなもの」という答えだった。りんご呼吸は、内側から外側に回していくもので、カバラなどでもおこなわれている。カバラ呼吸は、カバラの中央の柱と外側に回していくものであるし、あるいは小周天と大周天というものもある。これは内部宇宙と外宇宙が繋がり循環していくというものだ。こういった、りんご呼吸のようなエネルギィの動きがトーラスであり、トーラスエネルギィワークは人間の体の周りのエーテル体のエネルギィの渦を用いるものだと思うが、惑星レベルでは公転と自転の二つの回転ということである。目覚めている蛇は公転、眠った蛇は自転であり、眠った蛇は自分が公転していることを認識していない。ある夜の夢の中で、三つの蛇が高速回転をしていた。三つの蛇のうち一つが大きくて、夢の中でどう扱ったらいいのかわからなかった。しかし、朝起きて、これは惑星の動きではないのか、公転しているところが蛇ではないのかと思った。惑星はもともと活発にぐるぐる動いている。どうしたらいいのかということではなくて、ほうっておけばいいのだ。これが普通だ。そのように、目覚めてから思うことにしたのである。

太陽の周りにたくさんの惑星があるというのは、いろんな大きさのトーラスがあるということだ。このことを私は、タペストリーと呼ぶ。タペストリーはつづれ織りともいい、太い横糸で細い縦糸を包み込むようにして

図11　トーラス

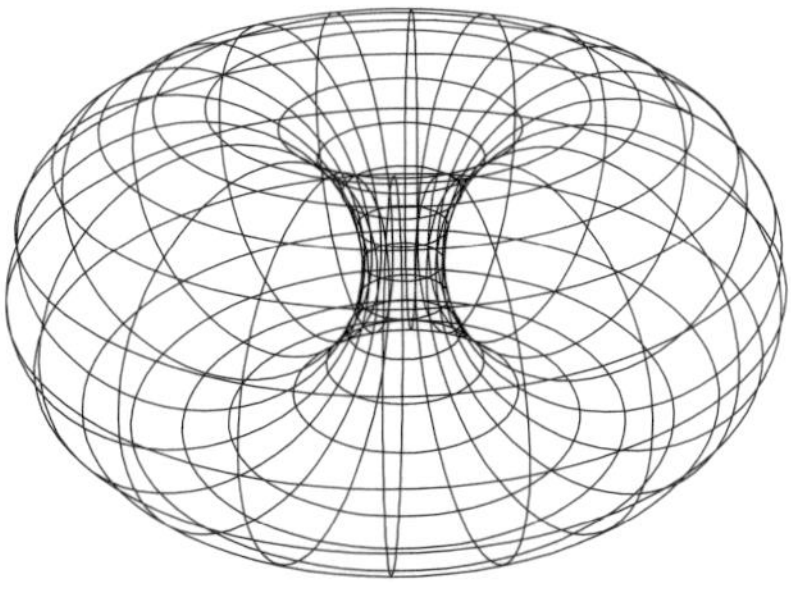

織ったものだ。全惑星意識はいわばこのタペストリーのようなものである。最初は惑星の区別がつかないような〝海原〟だったのをイザナギとイザナミが掻き回し、しだいに固めていった。うどんこをこねるように。そして、それぞれの惑星が分離された。それぞれの惑星にはロゴスがある。そしてボーデの法則のように並んだものを、タペストリーと考えればいいということだ。タペストリーは複数のトーラスのことであり、太陽から見ると、それはまさしくタペストリーだ。しかし、地球に住んでいる人間からすると、自転の中のどこかの1カ所に住んでいるようなものである。惑星のトーラス全体を認識するのは難しい。だが、メゾコスモスにおいて、惑星に自我を移動させれば、このことは理解ができるだろう。

チベットの修行僧は、地球が回る音を聞くことができるという。私たちが地球の音が聞こえないのは、私たちが地球の中にいるからであり、地球が安定していて静かだからだ。しかし、ひとたび地球から離れると、地球が回転しているのが見え、その回転している音が聞こえてくるのである。チベットの修行僧は、そういうことを毎日している。それは、地球から離れる、つまり地球時計から独立することだ。地球時間、地球時計を客観視、対象化できるのだ。それはすなわち、メゾコスモスに行ったということである。

なかなか壮大な話に思えるが、修行者自身は普通のことだと言うだろう。それはコーザル体の瞑想なのだからだ。コーザル体の一番下には地球があり、上のほうにはさまざまな惑星がある。コーザル体の瞑想のときには、一番上が〝海原〟、タペストリーであり、その領域を客観視することが大切なのだ。というのも、それに続いてデュートロコスモス、マクロコスモスがあるからだ。つまり、ブッディ体、それからアートマンもあるということだ。コーザル体のところで、じっと留まっているわけにはいかないのだ。

ポルックスとカストルの親密な会話

フラワー・オブ・ライフの中に埋め込まれた生命の樹について先に書いたが、太陽系の惑星を12個にしたところで、太陽系Cの柵にあたるもの、つまり秩序を守るのは土星だ。その外側の天王星、海王星、冥王星、エリスは、柵の外との関わりとなる。つまり太陽系Cに属している惑星でありながら、外太陽系に関わろうとしているのだ。

フラワー・オブ・ライフに埋め込まれた生命の樹からすると、天王星は太陽系B（図8ではオリオンと名前をつけた）と関わりやすく、接点をつくろうとしている。海王星は図8の左の方の太陽系D（図8ではシリウスと書いた）と関わりやすい。冥王星は、太陽系Cの上の領域、グレート・セントラル・サンがあるところに接点をつくろうとしている。そして、太陽系Cとしての正義と秩序を守っているのは土星だというわけである。

フラワー・オブ・ライフの発想では、太陽系Cだけで考えることはできない。天王星からエリスまでは、外と関わろうとして接点を設けようとしているのだから。この場合、外からではなく、太陽系Cの内側から外に接点を作ろうとしていると考えればよい。

ヘリオセントリック原案者の考えていることのもう一つの特徴は、惑星バイナリである。数の原理では、二桁の数字の数を足していくことで、すべての数字を9以下にして丸めてしまう。太陽が1だとすれば水星は2で、冥王星は11だ。11は、1と1を足して2だ。ということは、水星と冥王星はバイナリで、表裏の関係ということになる。2である水星が、メゾコスモスの中での活動の方向性を考えていくものであるとしたら、冥王星は太陽系の外との関係で方向性を考えていくのである。水星が「あれかこれかの選択」だとすれば、冥王星は「〜でないもの」、水星が選んだものとは違うものという裏腹な関係にある。これが、水星と冥王星の密接なバイナリの関係となる。

私自身のヘリオセントリックで言うと、水星が黄緯（通常、占星術は黄経だが、この場合は黄緯）でポルックスとかなり至近距離で重なっている。また冥王星は黄緯においてカストルと重なっている。ギリシャ神話では、カストルとポルックスは双子の兄弟で、親密な会話をする。タロットカードでは19番のカードで、ここでは二人の子供が話をしている。ライダー版ではそうではないが、古典的なカードにおける太陽のカードでは二人の子どもが話をしているのであり、それはポルックスとカストルの親密な会話を表している。19は10と9と考えてもよく、10は物質界であり、9はエーテル界と考える。他の人から見るともう一人の子どもは見えない。しかし、この二人の子供からは十分見え、親密な会話をしている。このパターンは、たとえば預言者ムハンマドと大天使ジブリールの関係でもある。ムハンマドにジブリールが、今から私が言うことを全部書き取れと言った。こういった洞窟の中での密室的関係はポルックスとカストルの関係に似ている。私の場合——正確に言えば集合体としてのヘリオセントリックなので、私一人ではなく、何十万人ものがこのパターンを共有しているのだが——ポルックスとカストルは、水星と冥王星のバイナリで表裏の関係であり、どちら側から見ても反対側が表といった感じで、ポルックスとカストルは別次元で会話をしているのだ。実際にそういう情報の行き来が多いので、私はそこから持ち込まれる情報にかなり目を向

図12　19番のタロットカード

けてしまう。その分だけ、地上的な本などを読まなくなってしまった。地上的な本を読むと、それに時間を取られるし、ポルックスとカストルの親密な会話が始まると、そちらの方に忙しくなるのだ。

占星術を学んだキリスト

エドガー・ケーシーは、キリストは十代の頃に女性教師に連れられてアレキサンドリア図書館に留学したと言っている。何を勉強したのかというと、それは占星術だとエドガー・ケイシーは言っている。現代人なら、天体計算をして紙に書くなどして占星術を勉強したのだろうと思う。だが、そうではない。なぜなら、アレキサンドリア図書館は、シュタイナーが言うところのエジプト・カルディア文化期に作られたものだからだ。数千年前のこの時代の人間は、今の人間とは構造が違っている。簡単に言えば、神と人の混合スタイルだ。神ではなく精霊などという言い方をしてもいいのだが、そういうものとの融合がその頃の人間のスタンダードだった。そういったエジプト・カルディア文化期では、図書館も現在の図書館とは構造が違っていて、上層にアカシックレコードの記録が載っていて、下層に実書物があり、これはアカシックレコードを読むためのインデックスになっていた。現代では、すべての情報を実書物に格納する。しかし、当時は人間そのものが神と人との混合、つまり物質に占有された存在ではない。その存在は半ばアカシックレコードやエーテル体みたいなものを持っている。そのため、図書館も同じ構造になっていたのだ。キリストがアレキサンドリア図書館に教師と一緒に勉強しに行ったときも、占星術のやり方は現代のものとは似ても似つかったはずなのである。

アカシックレコードとはどんなものか。それはアボリジニのドリームタイムみたいなものだと考えてもいい。ドリームタイムにアクセスするため、アボリジニはインデックスを使う。たとえば砂絵を見てドリームタイムに入っていくようにだ。そこで情報を読む。料理の仕方ですらドリームタイムに書いてある。インデックスを通じて、料理の仕方をドリームタイムで共有しているのだ。現代人はそれができない。なぜなら、個人個人が孤立しているから、共有データが読めないのだ。これを今風に、ヒプノポンピア、ミディアムランド、変成意識と言ってもいい。そういう状態からアクセスし、そこに書いてある共有情報を読んでいく。エジプト・カルディア文化期でもそういうことをしていた。そしてそれが古代のスタンダードであり、ナチュラルなやり方だったのだ。

人間世界のメンタル体は、人間の思考だ。しかし、メゾコスモスにおける思考は、惑星が持つ思考だ。人を超えた思考は、アカシックレコードに関係している。アカシックレコードは文字が書かれていない絵巻であり、これがタペストリーだ。それを読む場所がアレキサンドリア図書館だった。

将来、人間はまたそういう状態へと変わっていくだろう。ギリシャ時代以降、一時的に人間は個人に閉じ込められる歴史に入っていったが、やがてエジプト・カルディア文化期のやり方のようなものに再び戻っていく。まったく同じ形態ではないが、リニューアルしたやり方で、そういうところに戻る時代がやってくる。

キリストが勉強したホロスコープがどのようなものかというと、そういうわけで、物質的な作図ではないということだ。つまり、天体配置を紙に書くというやり方ではない。いわば、ドリームタイム、アカシックレコードに天体配置が描かれているタペストリー、あるいはマンダラだ。エーテル体に作図されるこれらを、直接読んでいくのである。

惑星H48——惑星思考が、天体が動くようにやってくるのを、アボリジニやアレキサンドリア図書館風のやり方ではビジョンで受け取る。キリストが勉強した占星術は、エーテル体に書き込むようなものだ。現代人でも、こういうことをしている人はいる。たとえば、テスラは複雑な電気の回路などを設計、発明した人物で、送電線に流れる電気をめぐってエジソンと対決した。エジソンは直流を、テスラは交流を主張し、交流が採用されてテスラが勝った。テスラは一生の間、一度も回路図を書いたことがない。すべてが記憶の中に入っていたと言われる。キリストも、テスラも、モーツァルトもそうだが、こういう人たちは、ドリームタイムやアカシックレコードといったタペストリーに記録を置き、必要なときにそこから読み込んでいくのである。

このイメージに似たシーンが、ネットフリックスのドラマ『クイーンズ・ギャンビット』にあった。ベスという少女が養護施設で出される薬を飲まされるうちに、やがて夜眠る前に天井にチェス盤が見えるようになる。そのチェス盤の上ではひとりでに駒が動く。毎夜そうやって天井のチェス盤を使ってチェスをしていくと、どんどん上達していき、ついには世界チャンピオンになってしまうという物語である。おそらく、キリストのホロスコープは、ベスが天井にチェス盤を見たように、空中にエーテル体によるホロスコープ、あるいはマンダラが表示されて、そこに天体がやって来ているのがわかるようなやり方をしていたのだろう。

現代人は、個人の物質世界に埋没しているので、古代のやり方はほとんど理解できない。だが、テスラやモーツァルトは、そういうことを平気でやっていた。モーツァルトは、幼少期に聞いた音楽を30代になっても忘れてはおらず、1カ所も間違えることなく楽譜を書くことができたと言われている。

以前、講義の際に神聖幾何学を三次元上で正確に作図しても神聖幾何学を理解することにはならないと話したとき、聴衆の一人はたまたま北斗七星の構造を図形で表現しようと考えていたときだったそうだ。後に彼が言うには、彼が頑張って図形を考えていたちょうどそのときに、私に頭ごなしに否定されたように感じたそうである

神聖幾何学は、エーテル体上で作図するのが正しい。フラワー・オブ・ライフも物質的な表現で作図しているが、それでは錯綜するタイムラインを説明するのに不都合な面がある。そのために、やはりエーテル体上で作図するのがいいということになる。『クイーンズ・ギャンビット』でベスが天井にチェス盤を作ったようにだ。あるいは、キリストがホロスコープをエーテル体の部分で空中に見ていたように。

エーテル体上で作図するということは、言い換えれば、図は時間線で描くということだ。先にミンコフスキー時空について書いたが、ミンコフスキー時空においては三次元プラス一次元時間が四次元である。このとき、三次元空間は時間の上に乗っている。ゆえに、時間を自由に動かすと、すぐさま三次元空間が歪む。それゆえに、神聖幾何学を紙で書いて

正確に作ったとしても、時間に対して自由な動きをする人からすると、この図はぐにゃっと曲がってしまうのだ。物質上で図形を書いた場合、それが安定するには、地球の時計、時間に依存した一方的な動きの中にあらねばならない。だが、時間線を自由に動かす人は、エーテル体上で作図ができる。そこで神聖幾何学を描くと、それはそれ自体が強い力を発揮する。呪文のように、エーテル体のエネルギィを直接動かすのである。生命力、プラナ、そういうものが図形の通りに動いていくことになるのだ。

つまり、正確に作図することが間違っていると言いたいのではない。三次元上で作図するのではなく、エーテル体上に時間線で描いてくださいと言っているのである。そうすれば、キリストのホロスコープやマンダラにどんどん近づいていく。

時間が揺らげば、そのつど三次元空間はずれていくので、物質とエーテル体はピタッと噛み合わない。それが大きくずれることもあるし、逆に近づくこともあるといったように、微妙な変化が発生することになる。

件の人が北斗七星を図形化したということを、私は否定したわけではない。仮に物質的に作図したとしても、それをそのままそっくりエーテル体上に移し、そこで使ってほしいと思う。そうすると、それは生々しい形で北斗七星と繋がっていくはずだ。

ヘリオセントリック原案者が最近、ヘリオセントリック占星術をレベルアップしたいと言っている。いったい全体どういうことなのかというと、それはおそらくアレキサンドリア図書館式、あるいはキリスト式ヘリオセントリック占星術ではないだろうか。それをシステム化すると言ったら、また面倒くさいことになると思うが、このあたりのところが、人間思考と惑星思考は違うのだ。いったん自我を惑星に移さないとメゾコスモスは理解できない。つまりコーザル体は、そうしないと理解できないということである。

時間の線で神聖幾何学を描くというのは、とても面白いことだと思う。エーテル体時間線は、生命のエネルギィだ。生命のエネルギィで図形を描くと、その図形の通りに生命力が動く。その図形の通りに生命力が爆発するように流れていく。

だが、紙の上に書いた図形は、それをじっと見ても、それはただの図形であり、生命力は動かない。

エーテル体上での神聖幾何学、それこそが本当のマンダラだ。そして、キリストはそういう占星術をアレキサンドリア図書館に勉強しに行ったということである。

V

トリトコスモス

人間界トリトコスモス

七つのコスモスの第六宇宙トリトコスモスは、人間世界、および人間を示す。第五宇宙メゾコスモスが惑星界ならば、その下のトリトコスモスは人間界ということである。人間界というと「一人の人間」と考えるかもしれないが、この上のメゾコスモスの一番下の階層が地球であるので、その地球に接するような形でトリトコスモスの頂点が始まらなければならない。つまり、いきなり「一人の個人」になるのではなく、なだらかに接続しているのだから、人間といっても集合体としての人間として考える必要があるのだ。人間一個人というよりはその集合体としての人間である。

この集合体には一番下の階層が一個人で、つごう七つの階層がある。つまりトリトコスモスの中にも七つのコスモス全体の鏡像、あるいは反映、投影としての七つの段階があると考える。すると、まず一番目が地球にそのまま相応することになるので、全地球人と考えればいい。これは地球を例にしたもので、違う惑星ならばまた違ってくる。全地球人というレベルを、私は「地球の蔦」と呼んでいる。紺色のツタが地球全体を覆っているようなイメージである。

地球というものは、グルジエフ水素ではH48である。それに相応する形で、全地球人の人間レベルをH48と考える。これは、メゾコスモスから見たところの、いわば地球を外から見たときのH48の知性ということである。それに対して、全地球人というのは、地球を内側から見たような、地球の内部に入ってそこで地球を表現するところのH48である。外と内だが、両方ともH48だ。

この全地球人というレベルの集合意識において、地球から脱出するというのは、その上のメゾコスモスに入っていくということである。メゾコスモスに入っていくためには、この全地球人レベルに広がらなければならない。この地球レベルの抜け穴は北極にある。北極の穴と考えればいい。これよりも細分化された下のコスモスであるトリトコスモスは、部分であるがゆえに、地球からは脱出できない。つまり、抜け穴が見つからないので、地球から脱出不可能なのである。

このことを物質的・物理的に考えないでほしい。植物系知覚で考えるべきことがらだ。抜け穴が北極にあると言えば、そこに行くと物理的な穴があることになるが、それは動物系知覚での話であって、植物系知覚としてこの地球全体を覆う蔦というレベルに行かないと、部分であるがゆえにその抜け穴は見つけられないのである。

これがトリトコスモスの内部構造の一番上の階層となるが、次の2番目の階層が大陸レベルに相当する。これも、物理的に海と大陸があるという発想ではない。やはり植物系知覚で考えるということである。私はこの大陸レベルを説明するときに、シュタイナーの「後アトランティス（アトランティスが沈没した後）の七つの文化期」のことをよく話に出す。これは私が勝手にシュタイナーの七つの文化期をエニアグラムに当てはめたのである（図14）。これがこのトリトコスモス第2階層の大陸レベルに合致しやすいのである。

エニアグラムの内部は1を7で割った解の0・142857142857142……という循環小数となる構造をもっている（図13）。このエニアグラムでは図14に示したように、9の位置が①古インド文化期にあたる。それから1の位置が②原ペルシャ文化期（この原ペルシャ文化期を、私はしばしばシュメール文化期と言い換える）。2の位置が③エジプト・カルディア文化期。次の3の位置はインターバルなので当てはまる文化期はない。4が④ギリシャローマ文化期で、およそBC700年ぐらいから始まったものである。それから5が⑤ゲルマン文化期。6はインターバルで対応はない。7の位置が⑥ロシア文化期、8の位置が⑦アメリカ文化期という区分である。なお、このエニアグラムの構造を用

図13　エニアグラム

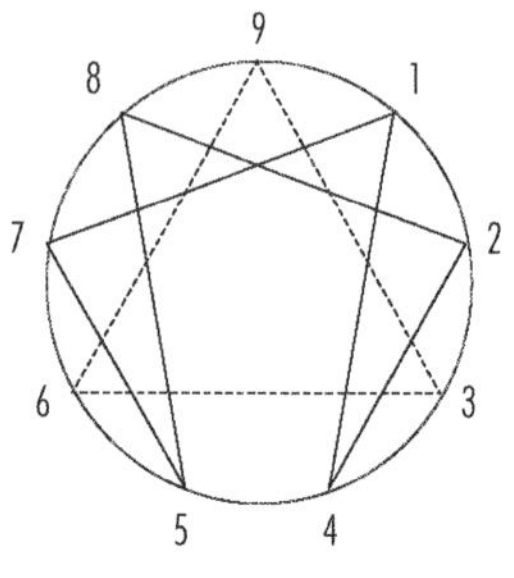

いて応用的に考えられる要素というのは非常にたくさんあるが、そのすべてをここで細かく説明していくのは難しい。

この七つの文化期というのは、シュタイナーが、地球の歳差活動の2万6000年を12に割った2160年ほどの範囲をそれぞれの文化期に当てはめたものだが、少し帳尻が合わない。前述したようにこの大陸が全部行き渡るとその上の全地球人レベルに行く。だが、そうすると2万6000年で1回転して抜け穴が見つかることになるので、2万6000年を七つに区切った方がいいのではないかということにもなる。2万6000年を12に割るのではなく、七つの文化期ということで七つに割ってみると、一つの文化期が3714年ぐらいの幅になる。歳差の周期を12分割するというのは、プラトン暦として非常にポピュラーなのだが、幅としては七つに分けるのなら3714年ぐらいではないか。この一つ一つの文化期のことをアイオーン、あるいはソフィアと呼ぶ。このあたりは詳しく説明したいところだが、紙幅の都合上、少しだけ書いておくなら、3のインターバル部分というのは、エドガー・ケイシーの言う「犠牲の神殿」がインターバルとして入ってきているのではないかということだ。エジプト・カルディア文化期には、人間は純粋な人の形ではなく、神、動物、人が混じったような存在であった。それを「犠牲の神殿」で人の形に統一する手術があり、それ以後は人間というのは人の形をしているというのが、エドガー・ケイシーの話である。その後にギリシャローマ文化期が始まり、人間中心主義になっていく。

そのように、後アトランティス文化期の穴はエニアグラムの9だが、そこから降りてくると、折り返し点がこの4と5の間にあり、これがシュタイナーのいうところのゴルゴタ転換点である。これは、肉体存在としてのキリストが応身になった。つまり、処刑されて、その後に復活したことを言うが、復活は肉体としてではなく、応身、エーテル体として復活したのであり、その転換点ということである。

そこから今度は上昇していくのだが、振動密度で言うと、4と5はエニアグラムの水平位置が共通している。振動密度が共通しているので、文化形態としては違うのだが、鏡で写し合ったようになっている。そのため、インターバル3「犠牲の神殿」で人の形に統一して人間中心主義ができあがったのが、インターバル6の部分ではもう一度、神や動物や人の混合の形態になっていくことになる。この場合、過去にそのまま戻るのではなく、新しい形態で人の形を解放していくことになる。そういう意味でインターバル6ではマルチ人間――同時に複数存在する人間に変わっていく。つまり、「犠牲の神殿」でただ一人の人の形に統一したが、インターバル6では、その一人の人間にマルチな要素が入っていくのである。これはフラワー・オブ・ライフ人間ということだ。ここがトリトコスモス第2階層の大陸レベルというところに該当することになる。以上を図14に示しておいた。

さらに分割をしていくと、次は集合人間である。第3階層は、たとえるなら国レベルである。上に大陸があって、その下に国レベルがある。

さてここで少し注意しておきたいのだが、このシュタイナーの後アトランティス文化期は土地の名と結びついているが、これを言葉通り受け取ると柔軟性がなくなる。たとえば、ロシア文化期を中央アジアやタクラマカン砂漠が入っているようなイメージで考えてみるとか、あるいはアメリカ文化期も南アメリカにあったマヤ文明やアステカ文明など、そういうイメージで考えてもいい。このシュタイナーの用語にはあまり縛られない方がいい。

図14　エニアグラムと七つの文化期

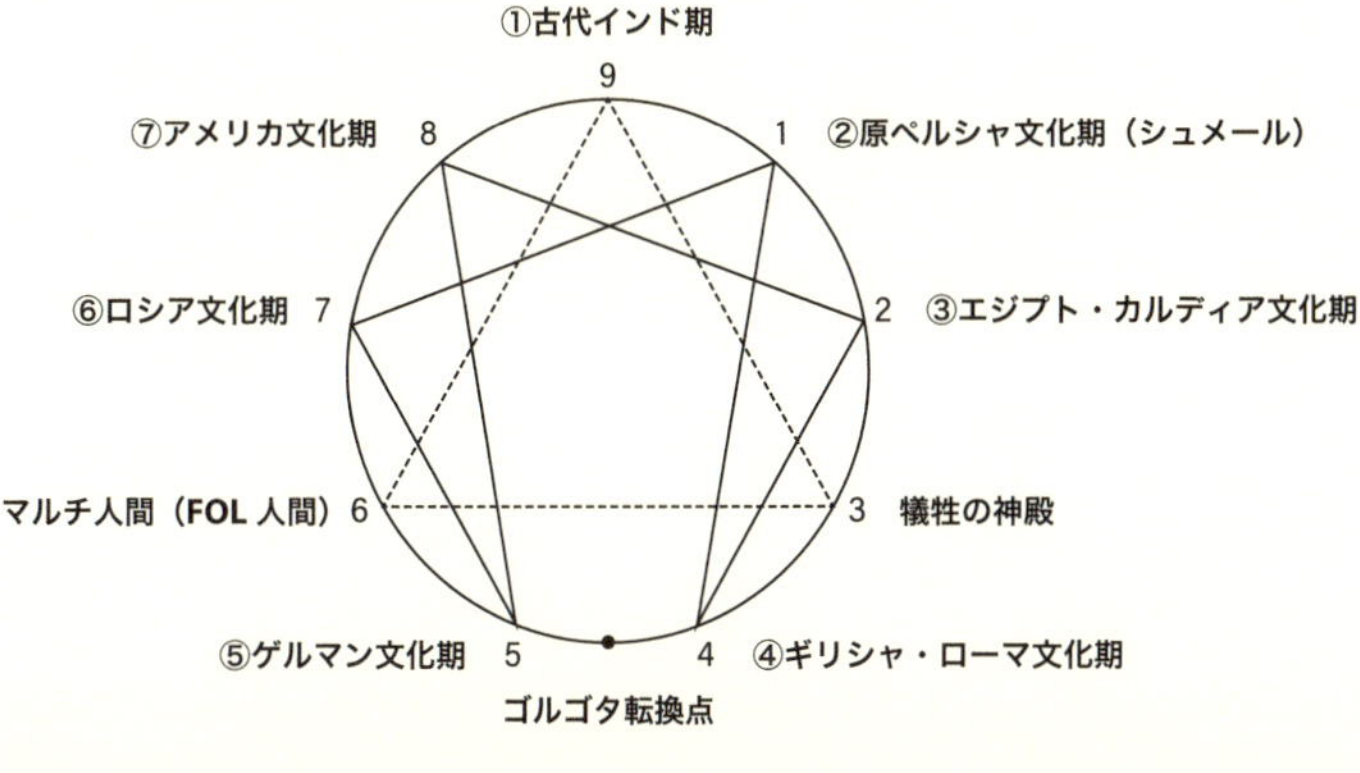

第3階層だが、大陸なら七つぐらいだが、国のレベルとなると数が多くなる。これは私のお気に入りの話なのだが、ある人が日本で仙人になる人の数を夢の中で考えた。すると、127人という答えが出たという。だが、日本で仙人になる数が127人というのはあまりにも多すぎるのではないか。むしろそれは地球全体の話で、国レベルが127と考えるほうが妥当なのではないかと私は思う。国によって人口は大きく異なり、たとえばインドは14億人であり、日本はその10分の1である。そのため、人口で言うと非常に数がバラバラになるが、これも物質的なレベルで見るということではなく、エーテル体レベル、つまり象徴、植物系知覚、そういうレベルで考えてほしい。この国レベルをさらに分割すると、127の中の一つである日本、そして47都道府県がある。国を分割して小分けしたものがトリトコスモス第4階層という形になっていく。ただし、あくまでもこれは階層の比喩であって、現実の人工的な国家や都道府県などとはなんら関係はない。

応身から一個人まで

ジオセントリック占星術では、生まれた年月日時分、生まれた場所を指定する。すると、他に同じものがない、その人物ただ一人だけの図、ジオセントリックのホロスコープが生まれる。それに対して、ヘリオセントリックのホロスコープは時間や場所をあまり考えない。地球上の1日の出生数がおよそ20万人であるから、この20万人がヘリオセントリックの集合魂となる。つまり、ヘリオセントリックのホロスコープというのは、一人ではなく、20万人ほどの集合的なものと見なしてもよいということだ。もちろん、これは正確な計算ではない。というのも、水星は地球よりも速度が速いので、その水星を基準にすると5万人程度の集合になるからだ。いずれにせよ、数万人から数十万人というのがヘリオセントリックの集合魂であり、それはたった一人の図ではない。さらに生前日食のヘリオセントリックがある。そうすると、これは半年ごとの変化になるので、20万人かける半年ということで3600万人となる。これも正確な数ではないが、おおよそ数千万人という数だ。集合魂ということで、この生前日食のヘリオセントリックの範囲がだいたいこの日本の都道府県一つの大きさに該当すると考えてもいいだろう。集合的な〝生前日食ヘリオセントリック人間〟が日本に47人いますというイメージである。

これがトリトコスモス第4階層だとすると、トリトコスモスの第5階層は、前述の20万人のヘリオセントリックの集合魂に似ている。そして、トリトコスモス第6階層は、さらに小さく分割していくと、これは数人レベルの集合性ということになる。私がこの第6階層を説明するときにサンプルとして好んで用いるのがアイドルチームだ。あるいは、家族や他のグループでもよい。10人程度の集まりをトリトコスモス6番目の階層に当てはめてみてもよいのではないかと思う。するとトリトコスモス第7階層というのは一個人という区分けになる。占星術としては一個人はジオセントリックに該当する。

占星術に当てはめた場合はこのように、トリトコスモス第4階層が生前日食、第5階層がヘリオセントリック占星術、そして第6階層を飛ばして第7階層がジオセントリック占星術というような形になる。ヘリオセントリック占星術も、もともとルーツとしてはデュートロコスモスの一番下の階層である太陽と、メゾコスモスの惑星界の組み合わせが原型なのだが、人間の世界に投影されたときには、トリトコスモスの階層中の第5階層に当たることになる。ゆえに、ヘリオセントリック占星術で図を出したときには、これを自分の図だと考えるだろうが、その実、それは集合魂なのである。

これを13チャクラに当てはめた場合、全地球人が13チャクラの10番のメンタル体であり、大陸レベルが9番のアストラル体である。そういう区分けで考えていくと、トリトコスモスの第3階層から第6階層までがチャクラ8のエーテル体になる。そして一個人、トリトコスモスの第7階層が個人肉体になる。

この個人肉体から意識が広がっていくと、つまり個人に閉じ込められるのではなく、そこから広がっていくと、そこにはただちにエーテル体がある。エーテル体は肉体から外に広がっているので、そういうエーテル体にはさまざまなサイズがあり、国レベルまで広がっていくものもある。例を挙げると、ブッダはインド全体にオーラが広がっていたと昔から言われている。これを応身という。応身とはエーテル体なのだが、これはシュタイナーの言う12感覚すべてがエーテル体に乗っている状態のことである。つまり、応身というエーテル体は、ずっとそこで暮らすことができる、不足しているものは何もない、すべての感覚をそこに移し替えてしまったものなのだ。ブッダの応身は、つまり実体がインド全体に広がっているということは、このブッダのエーテル体はトリトコスモス第3階層に相応するということである。

ブッダの例でもわかるように、肉体の外側に広がり、トランスパーソナルな領域に入ると、そこにはエーテル体のいろんな段階があり、トリトコスモス第6階層の数人レベルの集合から始まって、第5階層の数十万人程度のヘリオセントリック占星術の範囲に広がり、それから第4階層のさらに広大な生前日食ヘリオセントリックレベルへと続き、ついには第3階層のブッダのような応身のレベルの高みへと至る。そのような集合性の範囲の違いがあるのだ。

集合魂としての人間存在

この集合体、ないしは集合魂というのは理解しにくいかもしれないが、それは今の人間がみな人間とは一個人であると考えるように教育をされているからだ。でも現実は一個人で動いている、独立しているということはありえない。たとえば、会社員として会社に行った場合は、会社という一つの集合体の意思があり、その中の一つの細胞として活動しているわけである。集合性に浸された状態で個人は生きているのだ。絶対的に単独な個人という形で生きることはできない。それなのに、自分は完全に独立した個人として自由に生きていると多くの人が思いこんでいる。だが、実際には個人という存在は集合魂の中の一つであるのだ。

先にも書いたマイワシの群れとマイワシ一匹の関係だが、マイワシ一匹というのはこのトリトコスモス第7階層の一個人である。マイワシの群れはエーテル体、すなわち集合体だ。このとき、果たしてマイワシ一匹に個人自我、つまり単独の意識はあるのかというと、それはまずないだろう。群れ全体が一単位で、そこに集合意識が働いている。

　これはたとえばスズメでも同様だ。一羽のスズメにパンくずを投げる。すると、瞬時にたくさんのスズメが集まってくる。すずめたちはどんなふうにして連絡をとりあったのだろうか。科学者たちは超音波などなんらかの信号が出ているはずだとか、さまざまに説明しようとするだろう。だが、スズメ一羽に単独の自我は存在しない。共同体、群れ、集合意識として動いているのであり、全体で一つのスズメという形で考える必要があるのだ。あるいは、昆虫である。バッタの大群に石を投げても、そのうちの一匹にすら当たらない。全体としての群れが生命体として動き、石をよけて一気に道を避けて、一匹も石が当たらない。

　実際は人間も同様で、個人自我があるように見えても、遠く外部から見れば個人自我はほとんどないという感じに思える。一個人の中に埋没してしまうと個人自我があるように見えるが、ほとんどみなが同じような考え方、同じような生き方をしているので、遠くからはマイワシの群れとそれほど変わらないと見えるのである。この集合魂にはさまざまなサイズがあり、つまりトリトコスモスとは一個人ではなく、この七つの階層でいろんな集合性のレベルがあるということなのだ。

エーテル体に抜け出す

ここで興味深いのは、このトリトコスモス第7階層の肉体から、体の外のエーテル体に抜け出す際の直接の媒体が、トリトコスモス第6階層の数人レベルの家族やグループといった集合魂になることである。たとえば、単一の肉体があるとき、そのエーテル体はこの肉体の外側に広がっている。これは可変的であり、大きさもかなり自由に変化する。ゲリー・ボーネルは、秘密を持っている人は、エーテル体が肉体にぴったり張り付くようになっていると言っている。要するに、他の人に知られたくない、他の人とつながりたくないのである。その反対に、外部とつながっていくときは、エーテル体は外側に広がっていく。つまり、秘密がなく、何でも筒抜けだと、このエーテル体は肉体の外側に広がっていくのだ。体の外ということは、そこには他者もいる。つまり、他者とエーテル体は共有されていくことになるわけである。自分一人のエーテル体というのは、理屈として存在しない。つまり肉体というのは一人のものであるが、そこから体の外に広がっていってしまえば、それは必ず他の人たちと共有されたものになっていくということだ。

この共有されていくときに、エーテル体の拡大にはいくつかの段階がある。13チャクラの構造で言うと、下から七つのチャクラが肉体の中の七つのチャクラになる。その上に8番目のエーテル体がある。この肉体の中にある七つのチャクラの一番上にあるサハスララチャクラは、その上の階層にそのままつながっている。肉体として閉じた中での頂点ということはありえず、サハスララチャクラは必ずその上とつながっている。つまり、トリトコスモスの第6階層とつながっているのだ。ゆえに他のチャクラとは意味が違う。この外に広がり、第6階層とつながるサハスララチャクラを開き、覚醒させたときには物理的な音がすると、wikipediaの「クンダリーニ」の解説には書かれてある。

私は20代の終わりごろに、この物質世界で生きるのはもう嫌だと思っていたら、その感情だけで、いきなり瓶のコルクを抜いたような音がした。そして体の外に抜け出た。これが、wikipediaで説明している音だと思うのだが、私はヨガの瞑想などはしていなかった。ただ、もうここにいるだけで嫌だ、どうしても嫌なんだという感情だけで、体外に出て行ったわけである。するとその先には、空と大地しかなかった。つまり、上は白く、下が黒い、2色の世界だけがあった。これは、大地が肉体の喩えなのだと思う。その大地の黒いところから上に抜けたわけである。とすれば、この空がエーテル体ということではないだろうか。この空と大地しかないというのは、旧約聖書の創世記でいうところの〝神は光と闇に分けられた〟という言葉を想起させる。空と大地というのは地球上でないと存在しえない原初の思考形態である。つまり多様な思考が作られていくときの最初の思考というのが、この創世記の光と闇に二分化したということなのだと思う。このレベルに、スポッという音とともに抜けていってしまったのである。そこからどこまで行っても何もなかった。私は退屈し、また戻ってきた。体の世界、この地球内世界に戻ってきたのだ。

そのようにサハスララチャクラからエーテル体に抜け出していくことになるのだが、一方で、肉体の世界に入ってしまうと、私からすれば、これは牢獄みたいなものである。動くにも電車を使わなければいけないし、お腹が空いたら食べなければいけない。制約が激しい。肉体で生きる個人には、ブッダが言うように常に苦しみがある。苦しみから逃れられる人は一人もいない。楽しかったとしても、それが永遠に続くわけではない。必ず何ごとか問題が起きる。不可抗力によるさまざまな障害がのしかかってくる。苦しみから逃れることができないのが、肉体に囚われた一個人の人生だということになる。それに対して、数人ほどの集合魂と先に述べたが、トリトコスモス第6階層のレベルに引き上げられることには救済されるような面がある。個人の苦しみからの一番身近な救済と言えるかもしれない。それは、肉体のすぐ外にあるレベルだからである。

秘密があり、他人に知られたくないと、エーテル体が外に広がって他者と共有されることを嫌い、ぴったり体に貼り付く。逆に、エーテル体を外に広げたときは、身近な人々に共有されていくことになる。この数人の集団によって共有されることの一類型が、アイドルの〝箱推し〟かもしれない。

救済とアイドルの〝箱推し〟

〝箱推し〟は、個人から脱出するためのものだ。個人から脱出するということは、言わば心を開く、あるいは個人を防衛しないということである。ゲリー・ボーネルが言うように、秘密があり、個人を意識しすぎると、エーテル体が体にぴったり張り付き、あたかもそれがなかったようになる。一方でそれを外に広げると、他の人たちと共有されてしまう。それは少人数の集団に心を開くという意味になる。現代で他者に心を開くのはとても難しい。家族でさえ心を開くことができない人もいるし、それがもっとも危険なことだと警戒する人すらいる。父や母に心を開いたら深く傷つけられたということは珍しくない。そういう子どもたちが家出をする。だから、この数人のグループというのは、本当の意味で心を開くことができるメンバーでないといけない。そうでない限り、人間が個人から救済されることはない。個人に閉じこもると、そこは牢獄で、苦しみはいつまでも絶えない。

自らを明け渡し、投げ出してしまえるような家族性やチーム性が、このトリトコスモス第6階層になる。たとえば、アイドルの〝箱推し〟の場合、〝私はこのアイドルチームが好きなんだ〟と単に言っただけでは、トリトコスモス第6階層のエーテル体に自らを開く作用とはならない。〝箱推し〟という場にもっと個人を投げ出さなければならない。そのことで個人が抱く損得感情というものがなくなる。自分自身を丸投げしてしまうと、このアイドルの〝箱推し〟は、個人から変成意識に入ってしまう。エーテル体に入るというのは変成意識だ。アイドルを追っかけると変成意識に入るというのは、これは宗教ではないかと考えてもいいかもしれない。自分はおかしくなったのか、まともな人間なのかと感じ始める。元に戻れるのかと思ったりもする。そういうところが宗教に似始める。そんな力がアイドルには備わっているし、そういう状態にするための訓練を受けたのがアイドルだとも言える。

アイドルはみな形ある人間だ。その形ある人間の数人のファンの一人になったとしても、個人というレベルから抜け出せないのではないかと考えるかもしれないが、そうやって変成意識で変化していくと、アイドルがみな神話的元型に見えてくる。なぜなら、エーテル体に入ったからだ。エーテル体で見たときの人間は、個人肉体ではなく、ある種の元型のように見えてくるのではないか。そうであれば、ユングの六つのアーキタイプ（元型）をこれに当てはめてもいいのではないだろうか。

ユングの六つのアーキタイプとは、オールドワイズマン、グレートマザー、アニムス、アニマ、ペルソナ、シャドウである。個人をトリトコスモス第6階層のエーテル体に拡張していくために、アイドルチームではなく、自分に備わるこういう六つのアーキタイプへと引き上げ、拡張してみるのはどうだろうか。ユング式に、アイドルチームを六つのアーキタイプとして考えてみるのだ。このアーキタイプはみな物質的な存在ではない。すべてエーテル体のレベルにある。これを家族で分担するということもあるだろう。だが、壁があってはいけない。心を開くことだ。現代では家族の関係が壊れてしまっているケースも多い。そういう意味では、このユングの六つのアーキタイプに託してみるのもいいのではないだろうか。

さて、このアーキタイプはなぜ六つなのか。これにはいろんな説明がある。立方体には六つの面と八つの点と12本の線がある。この六つの面が、六つのアーキタイプに当てはまると考えるのだが、フラワー・オブ・ライフで考えてみると、フラワー・オブ・ライフの一つの円には六つの円が集まっている。円がベシカパイシスを通じて重なっているのである。この六つの円が食い込んでいる構造において、一つの円が「私」であるとすれば、その「私」に対して六つの円が重なっていると見なし、それをユングの六つのアーキタイプとして考えてもいいと思う。

興味深いのでフラワー・オブ・ライフの図をもとに解説してみたい。

自転車モデルとウィトルウィウス的人体図

図15の太陽系Cにおいて、月のマークがあるところがイエソドである。これはいわば身近なエーテル体、つまりトリトコスモス第6階層と考えればいい。あるいはマルクトでもいいのだが、これをさらに正確に言うならば、トリトコスモス第6階層に上がったときは、その人の重心というのは、このイエソドに移動する。イエソドは一番身近なエーテル体であるので、体の周囲のイエソドを中心にした円ということになる。このイエソドの円、すなわちトリトコスモス第6階層のところに、六つの円が集まっている。太陽系の生命の機能、イエソドに向かって均等に集まっているのだ。そうすると自分を入れて7人ということになる。これが一番身近なトリトコスモス第6階層においての7人チームということ

になる。

　この場合、太陽系の中心の生命の樹だけを考えるのではなく、イエソドに関わっている二つの円にも注目してほしい。太陽系Bにおいてのマルクトを B マルクトと書く。太陽系DのはDマルクト。このBマルクト、Dマルクトに、Cマルクト、つまり地球ということであるが、この地球の足がBマルクトの方にずれていって足が乗るようになる。また、Dマルクトの側でも同様である。Bマルクトも、Dマルクトも、振動密度ということではCの樹のイエソドとマルクトの中間になる。イエソドはエーテル体でマルクトは物質体だとすると、物質体とイエソド、つまり物質体とエーテル体の中間の振動密度のところに、この両足が乗っている形になるということである。私はこれを自転車モデルと言う。つまり、足が地面に立った状態ではなく、このBマルクト、Dマルクトという、言わ

図15

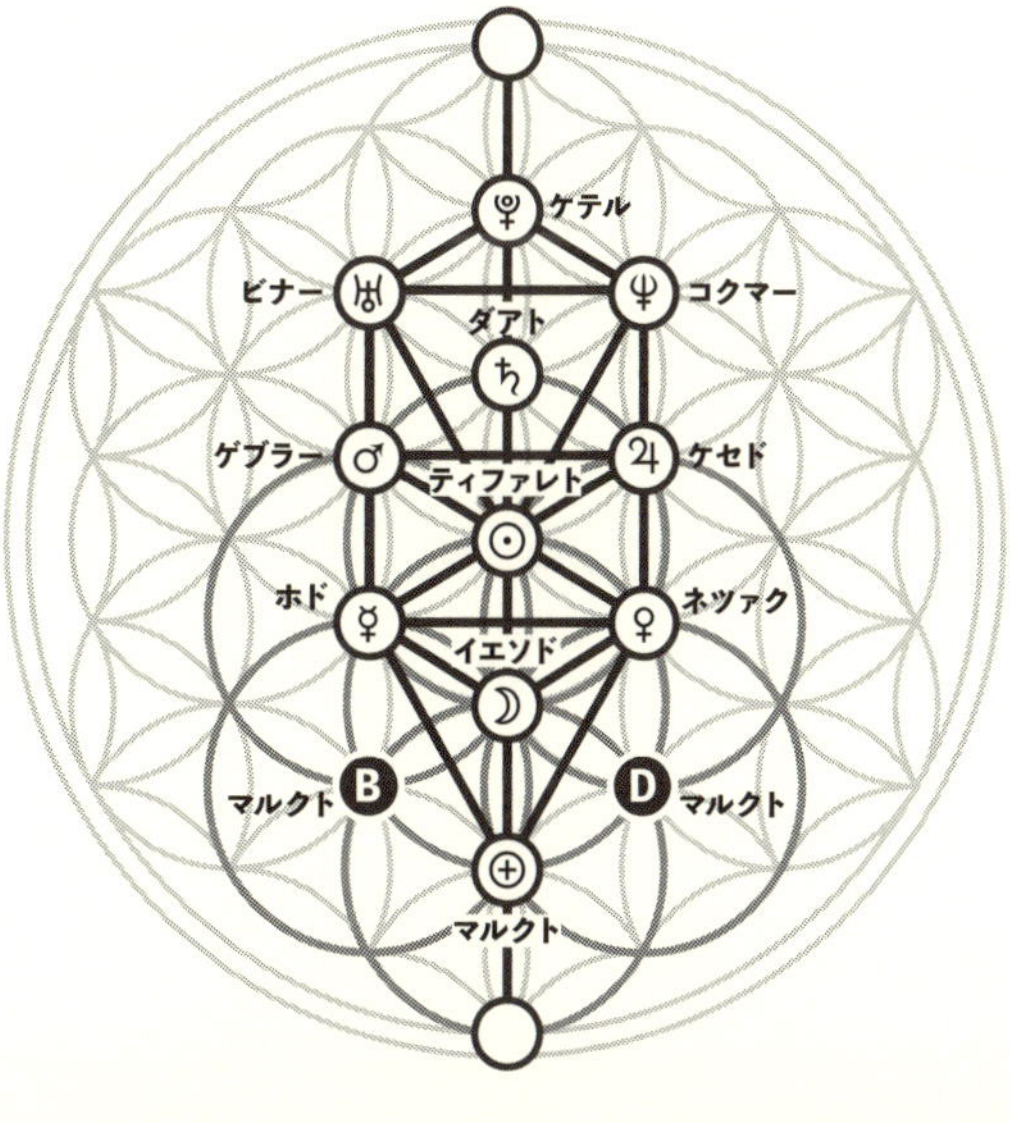

ば自転車の二つの車輪を動かすペダルに乗っているように見えるからだ。この自転車モデルにおいては、腰はCのイエソドでサドルになる。

この構造が、ダビンチのウィトルウィウス的人体図とよく似ている。四角の中の人物と円の中の人物とに描き分けられており、四角の中の人物は大地に立っている。一方で丸の中の人物は、その足が円の中に浮かんでいる。これはこの自転車モデルと同じ意味である。私がウィトルウィウス的人体図を説明するときは、この円の中の人物はランニング中の人物であり、ランニングを止めて徒歩で歩いているのがこの四角の中の人物であると言う。実際にランニングしているときは意識状態は変わってしまう。精神の状態が変わると、ものすごくいろんなアイディアが湧いてくる。ところが歩き始めた途端それらを忘れてしまう。何を考えたのかわからなくなる。世界的なベストセラーになった『BORN TO RUN 走るために生まれた』(クリストファー・マクドゥーガル著/NHK出版)という本で、著者は「走っているときに解決しない問題は一生解決しない」と言っている。それほど変成意識に入っ

図16　ウィトルウィウス的人体図

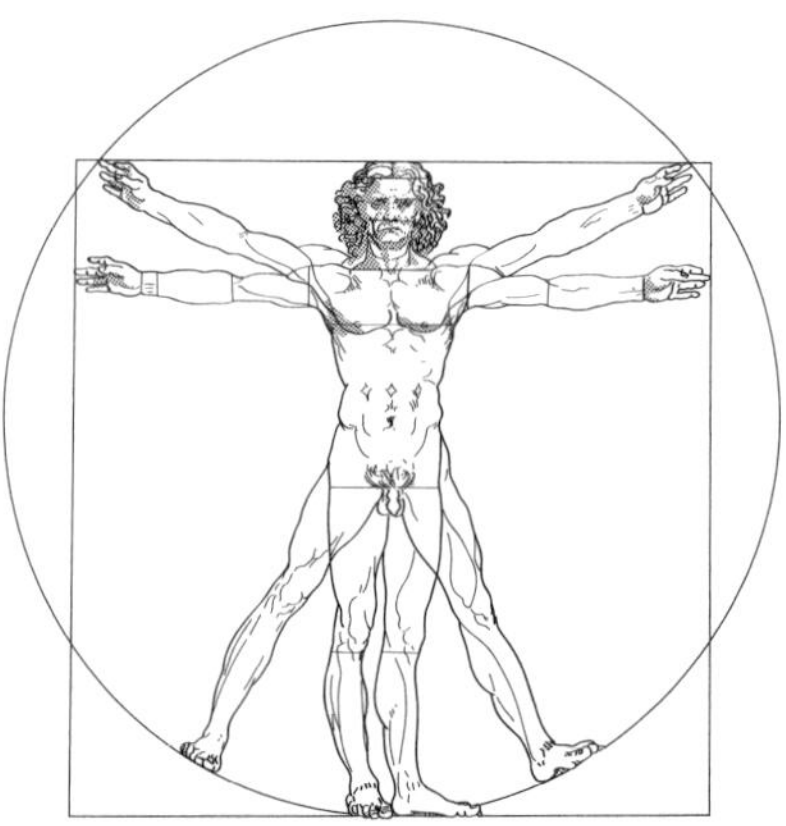

ていくということである。言い換えれば、エーテル体に入っていくということだ。

この自転車モデルで思い出したのだが、オショーの死後、サンニャーシンの女性が出した本に、夢の中に死後のオショーがサイドカー付きのバイクに乗ってやってきたと書いてあった。このサイドカー付きのバイクというのは、この自転車理論そのものではないか。つまり、死後にオショーはこのダビンチのウィトルウィウス的人体図、あるいは自転車、バイクというものでやってきたということだ。これは、オショーが仙人になった、あるいは応身になったということである。人間の通常の死とは違うのだ。普通の人間の死では、肉体からエーテル体、エーテル体からアストラル体というふうにだんだん切り離されていく。そしてまただんだん降りてくることで輪廻をしていくことになるのだが、仙人や応身というのは、一旦死んでもその後、12感覚すべてが備わっているので転生をしない。ずっとそこで生きていられる。つまりCの樹のイエソドとマルクトの中間の振動状態のところに足場があり、そこで生きていられることを示唆している。このサンニャーシンの女性が見た夢の中で、死後のオショーがサイドカー付きのバイクに乗ってきたというのは、オショーが死後、仙人ないしは応身になり、もはや転生をしないということを示していると考えればいい。

カバラ思想では、神はイエソドまでしか降りず、マルクトには降りないと言われている。つまり、トリトコスモス第7階層の肉体に住んでるかぎり、その上の次元とはつながらないと言っているわけである。結局、自分の肉体の重心がイエソドに移動しなければならないのだ。この自転車理論で言うと、腰はイエソドに乗り、そして足がBマルクトとDマルクトに持ち上がるということになり、そうするとここでは上の次元と全部つながった状態で生きることができる。先述した六つのアーキタイプ（自分を入れて7人）が、つまりCイエソドを軸にして六つの円が揃うと、エーテル体とのつながりが非常に安定し、安心感が出てくる。心を開くということも完全にできるので、自分は孤立することなく、物質世界に閉じ込められることがなくなる。物質世界は苦痛、苦しみ、不安に満ちているが、そういうものから解放され、安心を得る。それは宇宙から切り離されていないという実感である。

私に食い込む六つの存在

最近、ベシカパイスによって私に食い込み、私を取り囲む六つの存在に、私は名前を付けている。一人はアンチマター（反物質）という名で、鏡の向こう側にいる自分そっくりの存在だ。二人目は、私の左の方にいる、ヘリオセントリック占星術の原案者、つまり元々の思想を考えた人だ。3人目は右の方にいる緑色したスパイダーマンのような存在だ。これはアカシック図書館の管理者、案内人である。この存在を私はいろんな言い方で呼ぶ。カスタネダの本に登場するドンファンの言う盟友。あるいは、タロットをするときに出てくるのでタロットさん。または、ゲーテの緑の蛇と言ってみたりもする。姿がいろいろ変わるからだ。固定的に人間の形をしているわけではないのだ。それから二人のシャンバラ人。彼らは以前からいた。このシャンバラ人が、私の足を持ち上げた。その頃から猛烈に足が痛み始め、杖がないと歩けないほどの状態となった。病院で手術し、人工大腿骨になったのだが、それまでは毎日鎮痛剤を飲まないと生活できないような状態だった。このシャンバラ人二人が、右と左の足の先に立ち、両足を持ち上げた。つまりエーテル界の方に持ち上げたのである。そして6人目が、後ろを支える者であり、この存在は最近になって知った。つごう、私を入れて7人ということになる。

この恒星意識、マクロコスモスの恒星であるものが、下の次元に果たして接触できるのかということでは、グルジエフは創造の光線はH96まで降りることが可能であると言っている。H96とは、月、イエソドである。つまり、創造の光線はH96、すなわちイエソドまで降りることはできるが、その下のマルクトには降りることができないということであり、つまりカバラと同じである。神はイエソドまでしか降りない。マルクトに降りることはないということだ。H96まで創造の光線は降りることができるというのは、言い換えるなら、マクロコスモスの恒星意識はイエソドまで、あるいはBマルクト、Dマルクトまでは降りることができるということである。これをフラワー・オブ・ライフのモデル、上方のグランド・セントラル・サンとの関連で言うと、Bマルクトはオリオン的なもの、Dマルクトがシリウス的なものに当てはまる。つまり、どこまで恒星意識が降りてくることができるのかという場合に、Cの生命の樹の物質レベル、個人肉体には降りることは不可能であるが、その上方のトリトコスモス第6階層までは降りることができるということだ。自転車の例で言えば、車輪の二つには降りることが可能だし、サドルのところにも降りることは可能だということである。

このところ、私を入れて7人という存在に恒星意識が直通しているようになってきており、こういうふうにトリトコスモス第6階層が安定すると、すべての作業はエーテル体上で行われるようになる。これは、先述したキリスト占星術のように、エーテル体にマンダラを描いていくという感じであるし、自我が惑星に移動してしまったので、惑星の動きは天体計算しなくてもわかる、つまりマンダラみたいにエーテル体の空間で見ることができるという状態にもなっていくのだ。

エーテル体の一番下のレベル、トリトコスモス第6階層について紙幅を割いて説明したが、それはなぜか。なぜ上の次元についてもっと紙幅を割かないのかと思う向きもあるだろう。

人間の修行や進化は、『タントラ　東洋の知恵』（新潮選書）の著者アジット・ムケルジーによると、上昇し切った人は降りて、下降し切った人は上がるという。上昇し切っても、さらに上がればいいではないかと思うかもしれないが、そうすると下の方、つまり肉体やエーテル体が自分と噛み合わないのだ。そのため、上昇し切った後、下の方まで統一をとるために降りて改造する。そしてまたもう一回上がる。上がったり降りたりを繰り返して、七つのコスモス全体を調整するのである。そうすることで全統一ということが起こり、創造の光線が何にも邪魔されることなく貫通する。そういう状態を目指すわけである。

瞑想修行などをして上昇する人にとっては、下の肉体というのは手に負えない。まったく、ままならない。そのため、とりあえず上昇するときには肉体を放置する。これは肉体を放置して仙人になるということで、これを尸解仙《しかいせん》という。あとで肉体を取りに来るのだ。

だが、仙人になるための理想は、やはり羽化仙人（羽化登仙＝うかとうせんとも言う）である。これは肉体が綺麗になくなってしまうことである。厳密には、なくなるのではなく、足場がBマルクトとDマルクトに移っただけなのだ。シャンバラに移動した老子のような感じである。あるいはサンニャーシンの夢に出てきたバイクに乗ったオショーである。ここに恒星は降りることができる。創造の光線が貫通する。これは非常に満足感が大きい。すべてに道が通った感じになっていく。ままならないものというのがなくなってしまうのだ。それは体験しないことには絶対にわからない。頭脳的な推理でそれを捉えようとしても無理である。というのも、自分の中にままならないものが残っているからだ。

これは、タロットカードの21の世界のカードの図に近い。人物は回転体である長球の中に入っている。長球はいわば世界の卵だ。この世界の卵の中にすっぽり人物が納まっている。三分節で言うと、思考、感情、身体が丸ごと卵の中に入ったという感じである。通常はどんなに頑張っても、身体は取り残される。ままならないのだ。自分の意思が通らない。そのためにそれを放置して仙人になることを尸解仙というと前述した。するとやはり自分

図17　21番のタロットカード

の全体性が達成できないので、後で肉体を取りに来ることになる。上昇して終了というのが理想ではなく、頂点まで行った後にそこからまた降りてくる。そして肉体を救済するというときに、自分の肉体をBマルクトとDマルクトに底上げして自転車状態になっていく。あるいはウィトルウィウス的人体図の円の中の人物になっていく。そういうふうに、降りていった人は完璧な状態へと調整したいのである。

私がトリトコスモスの第6階層について紙幅を割いて解説したのは、こういった事情を理解してもらうことが大事だと考えたからだ。

vi

ミクロコスモス

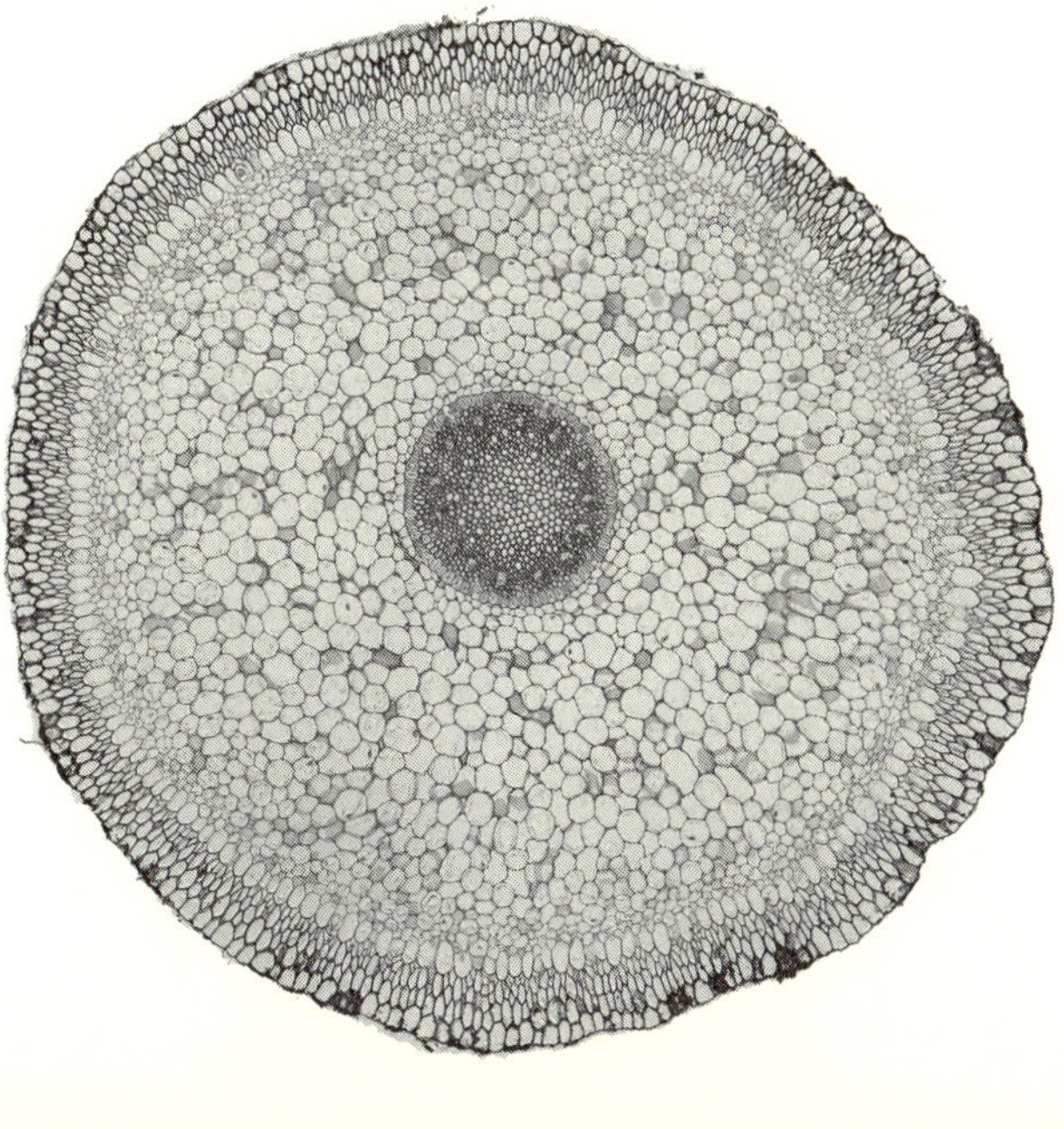

上にあるものは下にあるものに似て、下にあるものは上にあるものに似て

七つのコスモスのうち一番下が第七宇宙ミクロコスモスである。

グルジエフが言う七つのコスモスとは、全体としてまとまった形で存在し、どこかが孤立して独自の動きをすることがなく、すべてがつながり、エネルギィが貫流しているような宇宙像である。そのため、このミクロコスモスもまた、上位のコスモスとまったく関係のない独自の法則で動いているとは考えられない。互いに映し合うようなものである。しかし、現代のミクロコスモスに対する科学的認識は、そうではない。ミクロコスモスは、いわば人間の内部構造でもあるのだが、現代科学では人間の内部構造は上位のコスモスとは関連性があまりなく、お互いに反射し合うような捉え方はされていない。いったいなぜか。近代以降の科学の発展によって、機械論的自然観が支配的となってしまったからだ。ニュートンやデカルトのような人物が大きな影響力を持つ中で、意識は物質に反映されないという考え方が生まれた。意識と物質は別物であり、意識によって物質は変化しないとされるわけである。この考え方が、人間内部のミクロコスモスは上位の宇宙をそのまま反映するものではないという見方を生み出し、それがスタンドアロンのミクロコスモスとい

う観念を創り出してきたのだ。

もちろん、実際はそれほど極端に乖離しているわけではない。上の宇宙と下の宇宙は互いに映し合っているようにも見える。ミクロコスモスを考える際の姿勢の基本は、グルジエフが言うように、「マクロな宇宙を研究するには同時にミクロの宇宙も研究しなければならない」ということだ。なお、ミクロとはミクロコスモスのことだが、マクロな宇宙とはマクロコスモスのことではない。言葉通り、大きな宇宙を研究するには、同時に小さな宇宙も研究しなければならないということだ。

グルジエフの言葉通り、マクロな宇宙とミクロな宇宙は関連性がある。お互いに反映し合っているのだ。グルジエフの考え方のルーツには、ヘルメスの次の有名な言葉がある。すわなち、「上にあるものは下にあるものに似ている。下にあるものは上にあるものに似ている」である。これは、マクロな宇宙とミクロな宇宙はその構造が似ているということを意味する。グルジエフは、上と下を照合しながら、下でわからないことがあれば上を参照し、上でわからないことがあれば下を参照するというように、上下を交互に参照しながら研究すべきだと述べている。

体の内部のミクロコスモスを、トリトコスモスを七つの階層に分けたように、七つに分けてみる。一番上は身体サイズだ。これは、トリトコスモスでは一番下の階層である、外から見た個人となる。すなわち、トリトコスモスの第7階層である。

そうすると、トリトコスモスの下にあるミクロコスモスは、今度はその個人を内側から見ていること、つまり内側から見た個人全体と言える。これは、メゾコスモスの一番下の階層が外から見た地球だったのに対して、地球内部のトリトコスモスは全人類であり、地球と全人類は外から見たものと内側から見たものという違いがあるのと同様である。

ここでも、人間一個人を外から見たものがトリトコスモス第7階層であるという見方から、ミクロコスモスにおいては内側から見た個人全体像という異なる視点へと切り変わる。すなわち、ここでミクロコスモスに入ったということだ。ミクロコスモスに入って、この世界を見てみるということなのだ。トリトコスモスの場合は一番下の階層が個人だが、その内部にはまだ入っていない。トリトコスモスとして見ているだけであり、〝ミクロの探検隊〟のように内部に入っているわけではない。しかし、この身体サイズ、ミクロコスモスの第1階層においては、そこがまず最初に入った場所だと言えるわけである。

次に、イメージとしては内蔵や骨格、人間のさまざまな器官など、肉眼で見える大きな部分を考えていく。これらの部分は、肉眼で見るためには解剖する必要があるが、現代ではCTスキャンやレントゲンなどを使って見ることができる。

さらに小さくしていくと、細胞がある。その下の階層には、分子や、分子の高度な結合体であるDNAなどがある。さらに細かく見ていくと、原子。原子をさらに分解すると素粒子がある。そしてその下の階層には、現代科学では先送りされているあるものがある。

物理学は物質の究極は何なのかを常に究めようとするが、常に〝無〟というものを先送りにして、その手前にさまざまな物質を想定していく。まるでゼノンの矢のような感じだ。現代科学はこのようにして、いつまでたっても〝無〟にたどり着けない。これは、そもそも科学的な認識によっては、最終的な〝無〟は解明できないからだ。解明してしまうと、それは〝無〟ではなくなる。ミクロコスモスの限界点、すなわち七つの階層の中の完璧な限界点、この先はないというものを想定しなければならないにもかかわらず、現代科学は〝無〟に至る途中の6番目の階層をどんどん細かく、素粒子レベルで定義していく。それゆえに、現代科学には7番目の階層、つまり〝無〟はいつまでも見つからないのである。〝無〟とは、科学者の知性や意識がそこにおいては存在しないことを意味する。当然のことながら、これは永遠に解明されないと考えてもよい。つまり、これが限界点なのだ。限界点とは、探求や研究という意識状態が、そこで死んでしまうことを意味する。それを解明することは不可能である。

ブラックアウトの場所

ミクロコスモスを七つに分けていくのは、あくまでも目安としてである。おおよそこんなイメージなのではないかということである。

七つの構造とは、上限と下限を括って、その中に七つがあるという考え方である。たとえば、色彩の構造なら、上にホワイトアウトがあり、下にブラックアウトがあり、その間に7色がある。有名なニュートンとゲーテの色彩論では、ニュートンは白と黒は色には入らないと言った。しかしゲーテは、それも色に入れると言った。この論争は長年決着がつかなかった。7色は、ホワイトアウトの段階ですべて真っ白になり、その先は何も見えなくなる。ブラックアウトの下の方に行くと真っ黒になり、その先は何もない。

それぞれの七つのコスモスは、大きなところでは、上の絶体と下の絶体がある。それぞれの一つのコスモスの中にもそれに相似した構造が存在し、上に限界点である上限があり、下に限界点である下限がある。

ミクロコスモスの七つの階層＝構造の中では、身体サイズがまずは上の限界点だ。これ以上はない。これより上に行ってしまうと、ミクロコスモスではなくトリトコスモスになってしまう。一方、ミクロコスモスの一番下の階層には、〝無〟の限界点があり、これ以上先はない。ブラックアウトの場所であり、ここから先には行くことができない。上限と下限は、一つの世界を括り、閉じていく性質を持つ。

トリトコスモスの一番下の階層にある個人においては、人は個人として自由に行動できるものとだれもが信じている。明日は遊園地に行こうとか、これからこういう仕事をしたいなど、自由勝手に行動ができると思っているわけである。そこにあるのは、相互束縛作用がない、つまり陰陽の関係がない単独性だ。単独性とは、自分を一人の個人として感じることだ。集団性によって支配されておらず、自分は自由に動けると思っている。実際はそうではないが、日常的な意識としてはそう感じている。自分自身を相互束縛作用がない、単独性として認識しているのである。

同じ意味において、この〝無〟の限界点も相互束縛作用がない物質と言える。それが一番下の限界点、ブラックアウトの場所だ。この〝無〟に対して何か名前を付けるなら、現代科学的には暗黒物質を当てはめてもよいかもしれない。暗黒物質は、科学的にその存在は確実視されてはいるが、その正体はいまもって不明である。宇宙においてはむしろ暗黒物質の方が多いのだが、これは電波や光などでは検出できない。つまり相互束縛作用がないと言える。この暗黒物質のことを物理学ではウィンプ（Wimp = weakly interacting massive particle の略）と呼ぶことがあるが、これは弱い相互作用をする重い粒子という意味で、「wimp」には英語で「弱虫」の意味もある。この「弱虫」こそが下の限界点、〝無〟の領域ということである。この暗黒物質には相互束縛作用がないため、陰陽、つまりプラス・マイナスといった差異によっては捕捉されない。そのため、冷たい物質と呼ばれることもある。どんなものにも反応しないこの性質を、ミクロコスモスの7番目の階層に当てはめてもよいのではないだろうか。

鏡で映し合うコスモス

ヘルメスの「上にあるものは下にあるものに似ている」という言葉は、鏡のような反射像を意味する。すると、上の〝無〟と下の〝無〟の間で括られた構造が、七つのコスモスを反射していることになる。いま、逆転像として、つまり逆向きに見てみよう。

一番対応させやすいのは原子だ。原子モデルは、原子核があり、その周りを電子雲が取り巻いている。電子雲は、量子力学的にはもやもやとした場である。マクロな宇宙においてこれに一番似ているものは太陽系だ。原子核が太陽で、電子雲が全惑星の〝海原〟だ。惑星があるようなないような、あるいは作られたり消えたりする〝海原〟だとすれば、構造は原子モデルに似ている。つまり、七つのコスモスにおける第四宇宙デュートロコスモスに似ている。

鏡で映し合っている構造になっているのならば、ミクロコスモスの上の階層に行くことは、ミクロコスモスよりも上の宇宙においては下に降りていくことになる。すると、分子やDNAなどの4番目の階層は、第五宇宙メゾコスモスに相当することになる。

メゾコスモスには多くの惑星がある。占星術では多くの惑星の複雑なアスペクト、つまり惑星の関わり方を考える。単独の惑星にも役割があり、それが組み合わさってさまざまな意味を作っていく。非常に複雑で、単純には読めないものだ。これは、高分子化合物であるDNAに似ている。DNAには生物のさまざまな性質が埋め込まれている。それは、メゾコスモスの多くの惑星の関わり方、相互関係に似ている。

そうすると、ミクロコスモスの1番、2番、3番の各階層は、メゾコスモスから下の領域の反映ということになる。たとえば、ミクロコスモスの2番や3番の階層は、第六宇宙トリトコスモスになる。つまり、地球内部の人類の集合性、人間世界だ。これが、ここに反映されていると考える。そして、トリトコスモスを下方へと突き詰めていくと一番小さな個人、身体サイズにぶつかり、一方のミクロコスモスの上方への探求もここで終わる。限界点であり、ホワイトアウトだ。

第五宇宙デュートロコスモス、太陽系は原子に対応する。すると、素粒子は第三宇宙マクロコスモスということになる。そこには、銀河や恒星がある。この恒星は、素粒子と似たような性質を持っているのではないかと考えられる。

第7階層の限界点、ミクロコスモスでこれ以上先はないという場所は、第一宇宙プロトコスモス、ないしは第二宇宙アヨコスモスに相当することになる。

以上のように、一人の人間を境界面にして、上に第一から第六までの宇宙があり、下にミクロコスモスがあり、さらにそのミクロコスモスの中に第一から第六までの宇宙が鏡のように反映されているという構造になっているのである（図18）。

七つのコスモスが鏡で映し合うなら真ん中のデュートロコスモスあたりを境界面（鏡面）にすればよいのではないかと考えるかもしれない。だが、そもそもミクロコスモスという定義であるが、古代ギリシャの哲学者デモクリトスなどは、人間をミクロコスモスと呼んだ。そしてその人間より上位の外側の宇宙をマクロコスモスと呼んでいた。そのため、マクロコスモスとミクロコスモスを分けている鏡の境界面は、一個人ということになるのだ。そのため、七つのコスモスの階梯の半分あたりで分けるのではなく、人間個人の部分で切り分け、ヘルメスが言うように、そこで上は下に、下は上に映し合うという構造となるのである。

神聖幾何学は時間線で描く

近代科学は、内蔵、骨格、細胞、分子、ＤＮＡなどを個別のものとして考えており、大きな宇宙の反射像とは考えない。そのため、ミクロコスモスはスタンドアロンであり、宇宙のどこにも繋がらないと考える。しかし、必ずしもそうではないとしている科学者もいる。

このような七つの構造を考えたときに、小さな素粒子が集まって原子を作り、原子が集まって分子を作り、分子が集まって細胞を作り、細胞が集まって内蔵を作ることについて、異なる視点から考えてみたい。たとえば、素粒子の一つである電子は、休むことなく流

図18　人間を境界面にした宇宙の鏡的構造

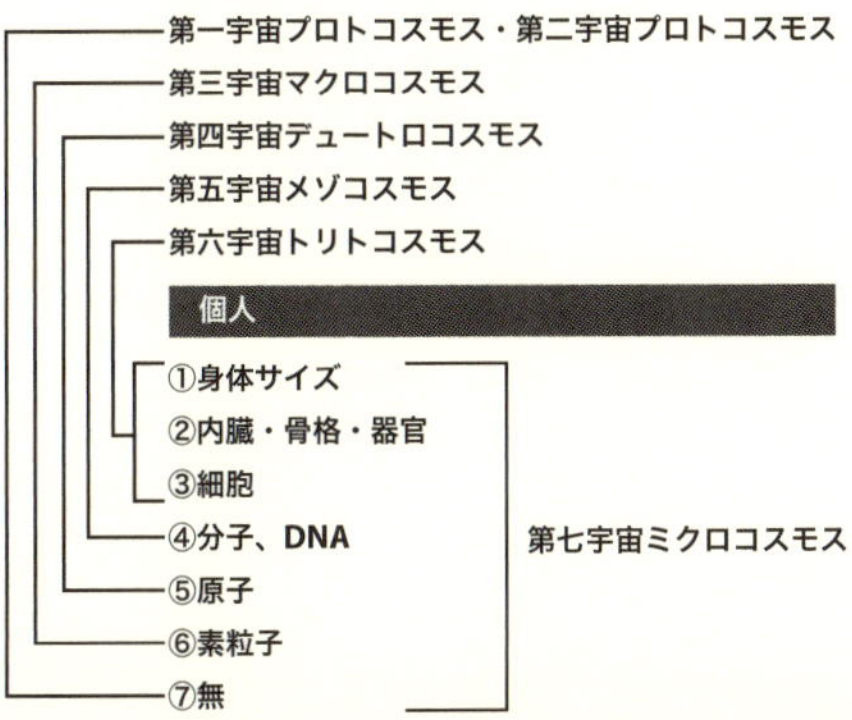

れている。川が流れるように非常に激しく流れている。この流れの集合が、原子や分子を作り、さらにその上に大きな集合を作る。この電子などの素粒子に焦点を当てると、人間の体は固定的なものではなく、川の流れのように常に変化しているものだということがわかる。大きな集合もまた、たとえば内蔵などは一見固定的に見えるが、年単位の時間で見ればそれは大きく変化をしている。素粒子などは、もっと速く流れている。小さなドットは速く動く。少し大きいドットはゆっくり動く。さらに大きいドットはもっとゆっくり動く。そして、もっと大きいものは、ほとんど動いていないように見える。しかし、長い目で見るとそれもまた動いている。ミクロコスモスにおいて、大きいものから小さいものへとその動きの速度は加速し、小さいものは非常に高速で動いており、それらの集合体である上の部分は相対的にゆっくり動いているということだ。

この七つのコスモスの構造を、ヘレニズム時代の宇宙像では同心円宇宙として描いていた。下の次元から上の次元まで、同軸で揃った形で円が広がる。しかし、フラワー・オブ・ライフになると、図8で示しておいたように横から別の太陽系の干渉が入ってくる。しかも、平面的、ないしは3次元的に入ってくるのではなく、別の次元からの介入となる。3次元的なものは太陽系Cでしか成立せず、それに対して太陽系のA、B、D、Eなどは、この3次元的な枠組みに収まっていないところから干渉してくる。ヘレニズム時代の玉ねぎのように一つの軸を中心に大きな宇宙がすべてぴったり重なっているという考え方に対して、フラワー・オブ・ライフでは、さまざまなタイムラインが互いに干渉し合い、食い込み合っている。

フラワー・オブ・ライフの概念を使うと、こういった宇宙像の決定的な違いが見えてくる。フラワー・オブ・ライフを神聖幾何学と考えたときに、3次元空間で作図したものは単に3次元的に写像したものであり、実体としては神聖幾何学は時間線で作られなければならない。時間線とは、前述したようにエーテル体のことだ。時間線で正確に作図すると、空間的に、つまり位相幾何学的に歪んでいるように見えることがある。なぜなら、時間線では、人間が自由に時間を動かすと、その時間の上に乗っている3次元空間が歪んでしまうからだ。そのため、神聖幾何学を3次元空間的にコンパスを使って正確に紙に書いていくと、時間意識との乖離、分裂が起きる。時間線、エーテル体を中心にして、その上に神聖幾何学の3次元の枠組みが乗っているので、それはいくらでも物質的、空間的には歪んでいく。

階段の守護神

フラワー・オブ・ライフでは、グレート・セントラル・サンのベシカパイシスによる食い込み合いがあると前述した。その際に、Dの樹（左側の樹。これは生命の樹の発想として背中に背負った形で見るので、図8上では向かって右側にあるが、配置としては左側と呼ぶことになっている）をシリウスと呼んだ。そして、右側にあるBの樹をオリオンと呼んだ。シリウスのことを、私は「階段の守護神」、ないしは「シェイプシフター」と呼ぶ。時間は直線時間ではなく、円環時間だとする古代の発想では、円形をたとえば五つに区切ると五つの階段という意味になる。さらに10に分けると10の階段となる。このような幾何図形における数というものがシェイプシフターにつながるということでは、たとえば大本教の出口王仁三郎は人間の形を「火」の漢字に喩えた。「火」は五角形を意味する。円に五つの点を作ると、「火」という字になり、人間の形になる。このとき、この点の数を変更すると、人間の形ではなくなる。そのため、「階段の守護神」とは、階段の段数を自由に変更できるものであり、それはすなわちシェイプシフターであると考えるわけである。

エジプト文化はシリウス文化とも呼ばれている。ナイル川が氾濫するときには、シリウスのヘリアカルライジング（太陽を伴って東から昇ること）があるとされるからである。シリウスは、エジプトではイシスと同一視されていた。イシスには椅子という意味がある。椅子は階段の一部分だ。階段の一段が椅子ということだ。それゆえにイシスは「階段の守護神」であり、それは結果的にシェイプシフターになる。

はたまたオリオン三つ星である。これはミンタカ、アルニラム、アルニタクの三つの星で構成されている。アメリカのスピリチュアル研究家であるソララは、ミンタカを「ＥＬ」、アルニラムを「ＡＮ」、アルニタクを「ＲＡ」という記号で読んでいるのだが、彼女によれば、ミンタカは存在の上限を決め、アルニタクは存在の下限を決めるという。そして、この上限と下限との間で、アルニラムが生命の七つのボディーを形成する。このとき、あらかじめ上限と下限の位置は固定されていない。つまり、ミンタカが上の次元の方に行き、アルニタクが下の方に行くと、その上限下限の間に生命の七つのボディーができるということだ。しかし、いま七つのボディーと言ったが、実は七つとは限らない。いくつの構造になるのかは、シリウスが決めるのである。

このように、コスモスの階段を自由に決定していくシリウスが生命の樹の左側にある。そして右側には、上限下限という振動レベルを変更して、その間に生命の階層の組み合わせであるボディーを作り出すオリオン三つ星がある。その両方に挟まれたところにあるのが、私たちの太陽系Cだ。

太陽系DとC、Bの間にエネルギィの流れがあるのなら、Cはシリウスとオリオンに挟まれたその間で形成される。そのため、Cは固定的な組織構造を持たない。Cが単独の結晶のような構造を持ってしまうと、エネルギィが流れず、いわば川の流れがそこで滞ってしまうだろう。しかし、このフラワー・オブ・ライフでは流れが滞ることはない。そのため、シリウスからやって来る影響力は、私たちの太陽系Cに入り、そしてBの方へと進んでいくのだ。

アルニラムの生命体は非結晶だ。前述したように、これは日本では、タギリヒメと呼ばれる。この「ギリ」とは「霧」のことだ。つまり、非結晶の構造であり、私はこれをアモルファス型と呼んでいる。生命の形がはっきりと定まっておらず、固定的ではないのだ。

生命体が存在するレベルはミンタカとアルニタクによって決まる。そしてその構造、7なのか、9なのか、12なのかといった段数は、シリウスが決定する。このように、シリウスとオリオンに挟まれた形で太陽系Cが存在しているわけである。もしも、ミクロコスモスの科学的に探究された構造は変更不可能だと考えれば、フラワー・オブ・ライフの川の流れは止まり、太陽系Cで滞ることになる。そうするとプラナの流れ、生命力がそこで止まってしまい、さまざまな問題を引き起こすことになるので、ミクロコスモスの七つの構造は固定的に考えない方がよい。科学で定義されたものは時代とともに大きく変更されていくのだし。

食物でミクロコスモスに同調する

ミクロコスモスの条件は、これまで説明したように、鏡構造により、第一から第六までのコスモスの反映、模造となっている。これが、まず要求される。そして、それぞれの組織の独自性、固有性は存在しない。簡単に言うと、七つということだけが重要であるのだ。常に組織は変化し、異なる表現へと変わりゆく。

現在、私たちは太陽系Cに住んでいる。これは死ぬまでの（100年を超えることもあるかもしれないが）せいぜい数十年という間だ。そのため、太陽系Cのミクロコスモス・モデルに合わせて存在する。しかしそれは非常に短期間であり、宇宙の歴史からすると一瞬で、セミの一生のようなものだ。その間だけ、ミクロコスモス・モデルに合わせているのである。

どのように合わせているのかと言えば、それは食物によってである。地球から得られる食物によって体は作られている。「あなたは食べたものによって作られている」とエドガー・ケイシーが言っていたように、地球から獲れた食物によって体は形成される。そのため、食物を摂っている間は太陽系Cの地球のミクロコスモス・モデルに同調していることになる。しかし、死んだ後はもう太陽系Cにはいない。戻ってくる人もいるかもしれないが、現代ではそうではないケースの方が多いだろう。そうすると、太陽系Cの中で通用していたそれまでの七つの構造は大きく変わっていく。たとえば、原子モデルは太陽系に構造が似ていると言ったが、他の太陽系が必ずしも太陽を中心にして惑星が回っている形だとは限らない。まったく異なる構造を持っているかもしれない。そのため、異なる太陽系に行けば、地球の原子モデルは通用しないことになる。とすれば、そこでの生存形態にDNAは存在しないかもしれない。今はたまたま太陽系Cに住み、地球から得た食物で体が作られ、地球の構造、ミクロコスモスの構造に染まっている、同調しているというだけのことなのだ。

ミクロコスモスの構造には、先ほども述べたが、上限と下限がある。この上限と下限のことを、グルジエフの宇宙像では、上の絶体、下の絶体と呼ぶ。両方とも同じ「絶体」という言葉を使っている。それは、互いに映し合っているからだ。

ミクロコスモスの中では上の絶体と下の絶体の間は小さい範囲だが、巨大な七つのコスモスでは、その上限と下限は相互束縛作用がない単独性を持っている。そのため、上をブラフマンと呼ぶなら、下は暗黒物質と言えるかもしれない。暗黒物質は科学的な用語ゆえ、いつかはこの表現を変える必要が出てくるだろう。なお、インド式に言えば、それは黒のカーリーのことである。

このようなことが、ミクロコスモスの条件として要求される。大切なのは、上から下まで滞ることなく意識が貫かれることだ。断絶すると、ままならないものが出てくる。たとえば、ミクロコスモスが上のコスモスと断絶しているときは肉体はままならない。意識の言う通りにならない。自分の意識とまったく関係のない肉体がここにあり、何も言うことを聞いてくれないのだ。理想としては、上から下まで滞りなく意識が貫かれることだ。

創造の光を反射するミクロコスモス

七つのコスモスの構造はそれぞれの内部においてさらに七つに分割され、一つのコスモスの範囲は上限と下限によって決められる。

先述したように、17世紀頃に生まれた近代科学の特徴は、古代からのヘルメス的思想を断ち切ったことにある。ヘルメス的思想とは、上は下に、下は上に似ており、七つのコスモスは互いに反射し合うという宇宙像であった。これを断ち切り、宇宙は単独の個別の法則で動いており、意識と物質は別物だと考えるようになったのが近代科学である。この機械論的宇宙論は間違っていると主張した科学者や哲学者もいる。たとえば、ケンブリッジ・プラトニズムは17世紀にケンブリッジ大学を中心にして広がった思想だが、19世紀末から20世紀にかけて活躍した哲学者ホワイトヘッドはこのケンブリッジ・プラトニズムの影響を受け、古代ギリシャのプラトンの思想に新たな光を与え、科学と神の関係を深く考察した。プラトンはもちろんヘルメス的思想の色濃い哲学者であった。

グルジエフは、創造の光線はH96までしか降りない、そこから下には創造の光線は届かないと述べているが、言い換えればトリトコスモス第6階層くらいまでである。H96は、月のエネルギィ、つまり振動密度でもあり、惑星はH48である。個人の存在に近づくにつれてH96となり、全人類に近づくにつれてH48となる。

それでは、個人の下にあるミクロコスモスに創造の光線は降りるのだろうか。降りることはない。だが、反射はする。もしもミクロコスモスに創造の光線が降りたのなら、ミクロコスモスは休みなく大きな変化を起こすだろう。実は今も休みなく変化してはいるのだが、ミクロコスモスに創造の光線が降りたのなら、これが主体として変化するということになる。このとき、創造の光線を自我のようなものとして考えてもよい。これがミクロコスモスの中に入っていくと、主体として変化しようとするだろう。これは、上の宇宙を反射するのではない。鏡像構造を作らないということだからだ。上からの宇宙の創造の力がミクロコスモスの中まで入り込み、そこで主体として自由に創造行為をしようとするのだ。だが、先述したように、ミクロコスモスとマクロコスモスは、人体を境界面にして鏡のように反射し合っている。そのため、創造の光線が降りてこないミクロコスモスは上のコスモスの反射像であり、そこに創造の法則は存在しない。創造の光は降りないが、創造の光を反射するということだ。

グルジエフが言っているのは、このような構造だ。トリトコスモスの一番下までは主体としての創造の光線が働くが、その下のミクロコスモスでは創造の光線は働いておらず、上のコスモスを反射する形で働いているということである。

私は毎朝、タロットカードを読んでいる。まず、裏返したままのタロットカードの束を左手に持ち、その中から1枚を選んで少しだけ引き出し、そのタロットカードの表側を人差し指で触る。このとき、目では見ていない。これを毎日行っている。ミクロコスモスの講義をする予定であったある日の前日、出てきたカードは、カップのクイーンだった。カードを出す前に、私はビジョンを見るのだが、そのビジョンでは、細かいドット、少し大きいドット、さらに大きいドットなど、さまざまなドットが川が流れるようにザーッと動き、しかも流れる音まで聞こえてきた。全体が休みなくザーッと動いていて、大きいドットは動きが遅く、小さいドットは高速で動いていた。カップのクイーンにおけるカップは水の元素、つまり川の流れだ。クイーンは主体ではなく、反射する、受けに回ることを意味する。つまり、ミクロコスモスは、カップのクイーンなのだということを、このときのタロットカードは告げているわけである。ミクロコスモスには独自の法則はなく、上の法則を反射したもの、鏡のように映したものであるからだ。

別の宇宙へ行くときには

フラワー・オブ・ライフにおいて、上の次元でいくつかの太陽系が互いにベシカパイシスで干渉しているのなら、当然のことながら下のミクロコスモスも忠実にそれを映し出す。そのため、マルチ的な構造になっていくことになる。

これは重要な点である。人間は死ぬと別の宇宙に行くのだが、人間のボディーは彼が住んでいる宇宙のミニモデルであり、その宇宙の構造をそのまま小さくしたもので、すなわちミクロコスモスだ。そのため、別の宇宙に行くときは、その宇宙の構造を小さく反映した構造を持つことになる。ところが、この別の宇宙に移動する、宇宙に飛ぶことについては、現代では、自力エンジンで宇宙船や飛行機を飛ばすような発想をする。それでは本当の意味で別の宇宙に行くことはできず、限界点がある。そのため、たとえばシリウスに行くのなら、シリウス宇宙の構造をそのまま小さくコピーしたようなボディー構造を作らなければいけない。そうすることで、共鳴作用によって引っ張られる、あるいは連れ去られるようにして移動することができる。これが真の意味での宇宙移動の方法である。

自分のボディーが、行き先のシリウス宇宙の構造と同じになることで、共鳴作用によってそこに組み込まれていく。その反対に、自力エンジンを使って強引に地球のボディーを持ったまま、別の場所に割り込むことは、七つのコスモスの宇宙の秩序をめちゃくちゃにすることを意味する。

フラワー・オブ・ライフのように上の宇宙がマルチコスモス的になると、下の宇宙もマルチコスモス的になっていく。そのとき、準備状態として、一度、Cコスモス（太陽系C、私たちのコスモス）の独自性を解体する必要がある。解体した後、正確にマクロコスモスとミクロコスモスの共存関係を確立し、フラワー・オブ・ライフの影響が入ってくるような状態にしておく。つまり、太陽系DからC、CからBへとエネルギィが流れるような状態にしておく必要があるのだ。そうすると、自然な形で情報もまた入って来る。生命力やプラナが入って来るとは、同時に情報も入ってくるということだからだ。そのため、シリウスやオリオンなどの情報も入って来る。体が大きなコスモスと共鳴しているということは、情報が共鳴によって持ち込まれ、最初から当たり前であるかのように入り込んでくることになるのだ。

現代科学のミクロコスモスの発想だが、小さなドットが集まって少し大きいドットになり、さらにそれが集まってもっと大きいドットになる、そういう構造としては悪くはないだが、固有性、独自の法則は存在しないと考える必要がある。加えて、上と下の共鳴関係を持っているヘルメス思想のようなものへと変わるべきである。創造の光線がH96までしか降りないミクロコスモスは、主体として働くことはないが、そのかわりに、上位の宇宙を精密に反射する場として機能している。これが、すなわち七つのコスモスの中のミクロコスモスの性質である。

ミクロコスモスの説明をする際にネックとなるのは、近代科学によってもたらされた、物質は宇宙で孤立している、分断されているという発想であり、意識と物質は無関係であると考え始めたことだ。しかし、ケンブリッジ・プラトニズムの影響を受けたホワイトヘッドをはじめとした、近代科学とは異なる見方をしようとしている多くの思想家や科学者がいることもまた忘れずにいたい。

おわりに

ドロレス・キャノンが、ＱＨＨＴでコンタクトしたノストラダムスは、異次元と接触するのに黒曜石を使っていたという話です。これは翻訳者の高野尚子さんからの又聞きというか、その文章を読んだだけなのですが、同時に、光を集めて変成意識に入るためには水晶を使っていたそうです。

たいていスクライイングでは水晶を使うと想像する人が多いと思うので、このノストラダムスの水晶と黒曜石の併用は、予想しないようなものだと思いますが、わたしがずっと前に、水晶スクライイングを教えていたときも、実は黒曜石のほうがヴィジョンを見やすいという印象はありました。水晶を使うなら、球体よりも、ポイントのどこかの面を使うほうが見やすいと感じました。お気に入りの面以外では、あまり映像が映らなかったのです。

グルジエフの「生きとし生きるものの図表」（ｐ００９）では、鉱物は、Ｈ96-３８４-１５３６となっており、この三つ組は、何に食べられているか、本体は何か、何を食べているかのセットです。水晶は、Ｈ96に食べられているということです。三つ組の一番上は、その存在にとっての、高自我、超越自我を示し、もちろんそれは日常的に見ることのできない、いわば無の領域でもあり、水晶は、H96に憧れ、それに捕食されたいと願っているというわけです。

H96は、動物磁気とか、「気」、濃密なエーテル体を示す振動物質であり、また月の気配、プラズマなどです。H96も、下のほうになると、それは電磁気になります。グルジエフは、H96が創造の光線が届く最後の物質であり、これ以下の物質には、創造の光線は含まれないと説明しています。

ノストラダムスの言う、光を集めるというのは、もちろん物理学で言う光線を集めるのではなく、このほのぐらいプラズマを集めるということでしょう。厳密には、H96の下のほうには光線が含まれているので、物理学でいう光線も間違ってはいないということになりますが、光線くらいになると、もう物質密度が高すぎて、意識にそのまま従うような性質ではなくなってしまいます。創造の光線はH96まで、というのは、意識の力がそこまでは働きかけることができるという意味なのです。

変成意識は、その足場がH96になると、比較的安定します。足場が物質だと、それは人間の日常意識となり、変成意識ではありません。水晶の持つ本性を借りて、H96の上に立つと、神秘的な意識状態を続けることができるというわけです。変成意識とは簡単に言うと、人間の日常意識が持つ、時間、空間の認識の幅が、大きく拡大することです。今の人間は明日のことさえ、見えません。また隣の町のこともわかりません。これは、物質肉体というベースの上に立っているからで、すると手を伸ばした範囲くらいしかわからないのです。H96は濃密なエーテル体であり、肉体を超越したものなので、それをベースにすると、過去や未来、遠い場所が見えてくるというわけです。そしてエーテル体はどこまでも伸びるところから、ちょっといま、木星を見てこようと思ったら、それも可能なのです。光速を軽く超えていますから、北極星を見ようと思ってもすぐにできるのです。

水晶の本などを読むと、大きな水晶の周りに、六つ小さな水晶を並べた配置が見受けられますが、水晶を使って、アンタレスマトリクスを作るのはどうかと考えました。アンタレスマトリクスとは、胎蔵界曼荼羅のように、中心の区画の外側を、八つの区画が囲んでいるもので、わたしは30年以上、この9区画のマトリクスをさまざまなことに使ってきました。たとえば、絵・写真、オーラ分析などです。児童画研究者の浅利篤さんが、子供の描いた絵をこの9分割で分析する手法を編み出しました。なぜなら子供は自分のことを説明できないことが多いので、絵から読み取ろうとしたのです。

カバラの生命の樹は、胸に近いティファレトの周囲に八つのセフィロトがあり、つまりそこに八つのパスが通っている配置ですが、これは胸にアンタレスマトリクスがあることを示しています。わたしは生命の樹を四つ並べた図をよく使いますが、これはメンタル体を示すアツィルトの樹の真ん中から下に、アストラル体を示すブリアーの樹が始まり、ブリアーの樹の胸にあたるところから下に、エーテル体を示すイェツィラーの樹が始まります。さらに、イェツィラーの樹の真ん中から下に、物質界を示すアッシャーの樹が始まります。

この生命の樹の各々真ん中から、下に次の生命の樹がぶら下がる構造で考えるとエーテル体の胸にあるアンタレスマトリクスは、物質肉体の頭に同じ構造を重ねていることになります。橋本尚子氏が教えている黄金メットは、脳幹を軸にして、そこに八つのアームを作ることであり、完全に整えると黄金に光るそうです。これはドランヴァロ・メルキゼデクも講座で教えていました。

カバラでも、アッシャーの樹は調整されると、頭が金色に輝くと教えています。イェツィラーの樹の頭は、金と白。ブリアーの樹の頭は白、アッィルトの樹の頭は、透明です。こう考えると、橋本氏が教えている黄金メットも、オリジナルなのは名前だけで、本体は、古代から続く普遍的な知識だったのです。そうでないと困ります。

変成意識は、水晶のH96エネルギィを足場にすると、安定する。つまりそれは、濃密なエーテル体でできたサーフボードの上に乗って、遠くに飛んでいくことができるというものです。水晶で作ったアンタレスマトリクスを、黄金メットがあるアッシャー樹の頭に置いて、そこに足を乗せることができるものとは、アストラル体を示すブリアーの樹です。

こうしたことを考えたのは、これを書いている今の話で、最近、ヤフオクでハーキマー・ダイヤモンドを手に入れて、そのとき、お店の人が、プレゼントとして小さなフローライトの石を10個つけてくれました。そこで、中心にハーキマー・ダイヤモンド、周囲に八つ、フローライトを並べて、アンタレスマトリクスを作ってみたのです。10分程度で作っただけなのですが、その夜に夢をみて、今後はずっと金の川に住むという内容を見ました。繰り返し3回見たので、これは忘れてはいけないと夢が言ってるわけです。

金属は液体に属すると考えています。金属は、導体になりやすく、鉱物は、非導電体です。ですから、イメージとしては、金属は、この中に川が流れていて、金属そのものは、その川の沿岸というか、川の流れる筒です。

アンタレスマトリクスの水晶の上に乗り、金色の川の流れに沿って生きるというと、このアンタレスマトリクスの水晶配置は、川の中の船のように考えるといいでしょうか。そもそもアンタレスは、さまざまな異次元をつなぐ作用であり、とりわけ、アンドロメダM31と繋がるのは、アンタレスとアルクトゥルスだけと、リサ・ロイヤルは説明しています。

この夢を見てから、アンタレスマトリクス配置の水晶を真剣に考えたほうがいいと思い、ハーキマー・ダイヤモンドをさらに手に入れましたが、いまのところ、合計四つで、中心にすでに持っている7センチの水晶球、周囲にハーキマーダイヤモンド、足りないところに、四つ、フローライトを置いてみました。足りない四箇所は、いずれハーキマーダイヤモンドを配置する予定です（いつになるかわかりません）。

毎日黒曜石を見ているのですが、黒曜石ヴィジョンが、急速に深くなった感じで、昨日は、いくつかの生命体が、マンホールか、井戸のように覗き込んでいる光景が見えました。

アンタレスマトリクスは、異次元との通路を作るので、これは逆に、異界存在を引き寄せることでもあり、何か集まってきたというところです。黒曜石と水晶のセットはわりに昔から使われているようで、大英博物館には、ジョン・ディー所蔵の水晶と黒曜石が並んでいます。

夢で見た、今後はずっと金の川に住むという話は、ハーキマー・ダイヤモンドのアンタレスマトリクスを作ったのをきっかけに見たものですが、黄金メットを足場にして立っているのは、ブリアーの樹、すなわちアストラル体です。シュタイナーは、眠って夢を見るとき、エーテル体は肉体とともにあり、アストラル体が身体から遠ざかると説明しています。

別にアストラル体は、肉体とともに生きる必要などないのですが、シュタイナー式に言うと、アストラル体は、物質世界に興味津々で、いつでも物質界に接近しようとしているわけです。だから、興味が続く間は、物質肉体としてのアッシャーの樹の上に乗っているのです。眠っている間は、そこから離れていくと考えるといいでしょう。ちょっと休憩していると考えるといいでしょうか。アストラル体が物質界に関心を失うときとは、人間が死ぬときです。このときから、アストラル体は、もう二度と物質界の肉体に近づきません。そしてつなぎとしてのエーテル体も肉体から離れます。離れるというより、身を寄せる肉体が消失するのです。

ノストラダムスが考えた、変成意識をキープするための水晶は、アンタレスマトリクスにすることで、ずっと強力になります。濃密なエーテル体を足場にして、すなわち第二の肉体を濃いエーテル体にすることと、もう一つの肉体の上に立つ日常意識の状態と、二足の草鞋を履くことは、生きている間続けるといいでしょう。死ぬときには、この地球の食物でできた肉体は失われますから、その後は、第二のボディーがメインの肉体になります。この知識がない人は、このようなことはできません。H96を、変成意識の肉体として、結晶化するなどとは考えが及ばないのです。

物質肉体は、地球の食物でできていますから、これを変成意識に持ち込むことはできません。地球肉体は、地球からのレンタル品なので、持ち出したら、泥棒になります。今の肉体を持ったまま、どこかの宇宙に行くことは、実は違法行為なのです。

夢では、金の川は上から下に流れていました。頭にある黄金メットすなわちアンタレスマトリクスが、だんだん、胸に、次に足にシフトするような光景です。川の流れはかなり分厚く、今後はずっと、この生き方でという内容でした。最近、この際だから、金の川に流れるチームみたいなものを結成するのはどうかと思いました。アンタレスはヘルメスに結びつけますが、ヘルメスがとことん好きだったのは、異次元探索です。どこか一カ所にずっと住むというのは、ヘルメスの希望ではありません。ヘルメスクラブというと、晩年のヘルマン・ヘッセを思い出します。

シュタイナーは、眠ったときには、身体からアストラル体が離れて、夢をみるのだといいます。エーテル体は身体とともにありますが、ただアストラル体が遠く離れるときの道筋を作っているのはエーテル体です。四つの生命の樹では、肉体のアッシャーの樹と、アストラル体のブリアーの樹の間に、つなぎとしてのエーテル体のイェツィラーの樹があり、これは伸びたり縮んだりします。日本では、この伸びたり縮んだりするエーテル体のことを「餅」として表現します。力うどんは餅が入ったうどんで、これで元気になるとはとうてい思えませんが、もともと餅とはエーテル体のことを示し、エーテル体は、生命体と訳すので、この暗喩を知っている人は、力うどんを食べ、エーテル体を強化するのではないでしょうか。糖質過剰というか、糖質しかないので、わたしは食べませんが。そしてアストラル体と肉体を接着しているのも、エーテル体です。

ユクテスワの12宮が、『聖なる科学』に記載されていますが、ここでは、鉄の時代のカリユガと、銀の時代のドワパラユガ、銅の時代のトレータユガと、金の時代のサティヤユガが書かれています。

わたしの体験として、三十代から、ずっと縄文の海を生きてきました。縄文の海については、中沢新一の『アースダイバー』に詳しいです。これは銀の川です。数年前に、もともと知り合いだったふたりのシャンバラ人がわたしの足を持ち上げました。銅の川を歩くための足を付与してきたのです。それからは、銅の時代を生きてきました。そしてこれからは金の川に生きるということです。地球の物質世界は、鉄の時代です。

この四つの川を行き来するのも、かなり面白いのではないでしょうか。最近まで長い間、30年くらい、ずっと縄文の海を生きてきたのに、もう戻れないという実感があるのですが、でも、きっと金の川に住むことに慣れてくると、むしろ行き来しやすいのではないかと思います。鉄の川に戻るのは無理でしょう。そもそももともと鉄の川に住んでいたという実感はなく、自分の出所は、というか、人間の出所は、鉄の川にもなく、ごく一時期、少数の人が、鉄の川に接してきたに過ぎないのです。

占星術で使う12サインの、かに座はアナハタチャクラを示し、それは集団性を拡張する性質があります。活動サインなので、休みないのです。それはどんどん大きくなるオーラを示しています。その都度、それまでの小さな自己、人格は打ち破られます。サビアンシンボルでは、かに座の5度に列車に破壊された自動車というのがありますが、小さな数人の集団性が、数百人の集団性に吸収されたことを意味します。しかもかに座ですから、わざわざ、列車に破壊される場所に行ったのです。

七つのコスモスの第六宇宙トリトコスモスは、人間界ですが、これを内部に七つに分割します。一番上のトリトコスモス第1階層は、地球を覆うサイズのひとりの人間で、これを原人、アダムカドモンと言います。アストラル体はトリトコスモス第2階層に該当し、大陸のサイズの人間を示しています。このレベルでは、地球には、人間は7人くらいしかいないことになります。ブッダのオーラが、インドを包んでいたとすると、これはトリトコスモス第3階層サイズの人間です。ブッダ本人は、肉体を自分と思っておらず、オーラを自分の肉体と思っていたはずです。このトリトコスモス第3階層は、バックミンスター・フラーのダイマクション地図のようなもので、この中にある一つの三角形がひとりの人間です。

シュタイナーの言う後アトランティス七つの文化期は、結局大陸に結び付けられています。実際の大陸ではないのですが、このレベルでは、地球上には7人の人がいると考えるといいでしょう。そして、文化期の時代ごとに、人間が交替すると考えます。あるいは、この人間の寿命は2000年くらいと考えます。プラトン月としては、2160年で、これはアイオーン、あるいはソフィアと言われていました。

現代の人間は、100年前後生きているとすると、このひとりの人間の中の細胞とみなすとよいことになります。文化期が変わると、前の文化期とは、まったく異なるタイプの人間が生まれてきます。いまゲルマン文化期の人の中に生きている細胞人間には、次のロシア文化期の中の細胞人間のありかたについては、想像すらできないでしょう。

グルジエフの表で、足場が水晶の磁気H96になる「人間」の中層重心は、H24で、これはゾーン、フロー、コリン・ウィルソンの言うX感覚、ジョン・C・リリーの言う専門家的サトリの振動です。これは重心としての日常意識がすでに、変成意識に入っていることを意味しており、荘子の言う真人は、足心として、足裏呼吸をしますが、ここにH96が置かれているとみなしてもいいのです。

「人間」は、物質的肉体を超越していますから、自分のサイズを、トリトコスモス7番の一個人の範囲に限定する必要などなく、この地球と別個に存在する別地球を行き来できるでしょう。QHHTを受けた後、タイタンアースと呼んでいる、やたらに風が強い地球に行くと、そこにはノストラダムスの別荘があり、ノストラダムスは巨人でしたが、今の地球のような小さなサイズの人間は、12個ある地球のどこにも存在しません。バシャールは、別地球の人々は、この地球にたびたび訪れているが、見つからないように気を付けていると説明しています。しかし別地球の人はみな巨人であり、しかも足場はエーテル体やアストラル体ですから、見つからないように隠れる必要などなく、そこいらを歩いても、誰にもわかりません。たとえば、彼らは雲の上に乗っているときもあります。これを元出雲族と言います。雲は、地球人と別地球の人の掲示板、通信板と見てもいいのです。

昨日、毎日見ている「徹子の部屋」に、片岡鶴太郎さんが出ていましたが、自分の寿命をだいたい125歳くらいに想定しているようです。医学的には、200歳くらいまでは生きることは可能だと聞いたことがあります。同じ番組で、滝沢カレンさんが登場したときには、自分は500歳までは生きたいと言っていて、そのくらいないと、やりたいことが全部できないそうです。いまの地球肉体をベースにして、長生きすることは、ストレスが大きすぎて、疲れ果ててしまい、そこまで長生きしたいとは誰も思わないのではないかと想像しますが、エーテル体ベースでの、巨人化した存在、つまり仙人、荘子の言う真人、グルジエフのいう「人間」ならば、地球的ストレスなど存在せず、金の川のタイムラインの一節である、24000年とか、2000年はそう無理な話ではないでしょう。そのためには、今の地球物質の肉体が持つ、小さな人格自我を、都度何度も打ち破らないといけないのですが。

2024年秋
松村　潔

編集付記

本書はもともと2022年4月に著者が脱稿した36万字に及ぶ原稿を本文として刊行予定でしたが、編集作業の開始が遅れ（私の怠慢が理由ですが）、2023年秋ごろになり、編集をスタートする旨を著者にご報告したところ、まったく新たに書き起こしたいという申し出がありました。執筆してから1年以上が経ち、新たな発見もあり、全体の内容をアップデートするとともに、贅肉をそぎ落とし、スリムな原稿に直したいとのことでした。タイピングよりも口述筆記に近い進め方をしたいとの著者の希望から、著者に講義スタイルの動画を作成してもらい、そこから文字起こしをしたものを私が書籍向けに文章を整理・構成することとしました。

およそ100分ほどの動画が6本、あっという間に私の元に送られてきました。デジタルのホワイトボードに〝板書〟しながら、七つのコスモスの宇宙論を著者が詳細に肉声で解説しているその動画を、話の展開をほぼそのままに、エクリチュールへと変えたのが本書というわけです。

36万字の原稿であれば、普通の書籍の判型で500〜600ページという大部の本となったはずでしたが、本書はその3分の1ほどのボリュームとなりました。その分、理路整然の観が強まり、2022年春から2023年冬までの2年の間の著者の思想の変化、深まりを感じさせるものとなっています。36万字もの原稿を書き上げるには膨大な時間と労力を要し、身体にすらさまざまな影響を及ぼすほどの〝難行〟に違いは無く、それなりにその努力が無に帰すことなど一顧だにせず、読者に伝えるべき内容の完成度のみに意識を向ける、著者のその誠実さには頭が下がる思いがいたします。

さて、本書を編集しながら、一つ案じたのが、この七つのコスモスの構造を一次元的なスケールの上で見てしまわぬよう読者には注意が必要だということです。つまり、このコスモスの層構造を極大から極小へという大きさの物差しで理解しようとしてしまわないかということです。とくにトリトコスモスからミクロコスモスにかけての構造は、著者の解説がひじょうに平易に見えるだけに、誤解されやすいのではと編集をしながら思いました。

まず、国家や都市といったスケールは、あくまでも人間が作りあげた仮構としてのシステムですから、そういった短い時間で移り変わる政治的・経済的な存在はコスモスではありえません。はたまた、ミクロコスモスは身体から素粒子へ（さらには無へ）至る階層として描かれていますが、太陽（つまり天文学的、物理学的な対象としての恒星）の物質性もまた、ミクロコスモスなのだということを忘れてはいけないと思います。デュートロコスモスの太陽は、核融合するミクロコスモスの物質的身体を持っているのだと言ってもよいかもしれません。つまり、科学の観測は素粒子の共鳴による知覚であり、それはミクロコスモスによってミクロコスモスを知覚することです。人間が宇宙探査機で太陽を観測するのは、デュートロコスモス（あるいはメゾコスモス）を観測することとは違うのだという当然のことを、ついつい忘れてしまうのではと案じてしまったのです。

現在もっとも〝売れっ子〟の哲学者であるマルクス・ガブリエルは科学至上主義（唯物論的還元主義）を批判し、科学のターゲットは宇宙であり、世界ではないと語りました。この場合の「宇宙」はミクロコスモスであり、「世界」はトリトコスモスより上位の宇宙と考えるとよいと思います。とはいえ、マルクス・ガブリエルは「私は神秘主義は否定する」と宣言していますが。

また、20世紀最大の数学の発見と言われる不完全性定理を見出したクルト・ゲーデルは、アインシュタインのよき友人でもありましたが、彼は晩年、神秘主義的な思想に傾倒していきました。彼は人間精神は脳の機能に還元できないという反機械論者であり、数学的対象は人間精神から独立して存在するという数学的実在論者でもありました。その彼が、高齢の母親に当てた手紙の中で、彼が来世の存在を哲学的に確信していることを記しています。

本文中に、ケンブリッジ・プラトニズムの話が登場しますが、すでに科学至上主義は現代では「揺らいでいる」いう印象があります。その点からも、本書におけるミクロコスモスとトリトコスモスより上位の宇宙との関係は、しっかりと理解すべき場所ではないかと思うのです。

著者はフラワー・オブ・ライフの概念を基礎に七つのコスモスのその複雑な関係をこまかく解説していますが、そこでは高次元の位相幾何学のような、人間の想像力では思い浮かべることが不可能であるような世界が描出されます。私たちは、その描写をそのまま飲み込むしかありません。著者は、〈ミクロコスモスとマクロコスモスは、人体を境界面にして鏡のように反射し合っている〉(引用文中の「マクロコスモス」は、第三宇宙マクロコスモスではなく、ヘルメス的な意味の大宇宙です)として、トリトコスモスとミクロコスモスの間に鏡面があるといいます。そして「個人」はこの鏡面に存在すると。この鏡面にへばりついた自我のままである限りは、その複雑な高次元の世界を知覚することはできないのでしょう。

著者の一連の著作は、私たちがこの鏡面にへばりつく自我を自分の手で引き剥がし、「人間」へと少しずつ登っていくためのモチベーションと道筋を伝えてくれるものだと、私は考えています。とはいえ、そこにはショートカットは存在しませんし、もちろん「買う」ことも「もらう」こともできません。ただただこつこつと誠実に取り組むだけの道であり、それは古代からずっと変わらないものなのではないでしょうか。

著者の松村氏は、いわゆる「スピリチュアル」の範疇からは大きく逸脱した存在であり、私は氏のことを「実存主義的神秘哲学者」とひそかに呼んでいますが、いわば井筒俊彦や中沢新一などに似た思想家だと考えています。深淵への探究を誠実な言葉にのせて私たちに伝えてくれる、氏のような「精神魁偉なる人間」が同時代に存在することを、私たちはこの上なく幸運なことだと思うべきでしょう。最後に本書の編集という貴重な機会を与えてくださった株式会社ナチュラルスピリットの今井博央輝社長に深く感謝いたします。

編集子

著者プロフィール

松村潔（まつむらきよし）

　1953年生まれ。西洋占星術、タロットカード、神秘主義哲学における日本の第一人者。仏教、カバラ、グルジェフ、シュタイナーをはじめとして、古代から現代、西洋から東洋まで、さまざまな宗教や神秘主義哲学に通暁し、その独自の宇宙論、実践的神秘主義は多くの人を魅了してきた。著書は『分身トゥルパをつくって次元を超える』『精神宇宙探索記』『夢を使って宇宙に飛び出そう』『人間は宇宙船だ』（以上、ナチュラルスピリット）、『タロットの神秘と解釈』『人間のすべてをあらわす占星術』（説話社）、『月星座占星術講座』（技術評論社）など多数。

　松村潔 WEB サイト https://www.tora.ne.jp/

七つのコスモス

プロトコスモスからミクロコスモスまで
極限の宇宙哲学

●

2025年2月23日　初版発行

著者／松村 潔

装幀・編集・DTP ／太田 穣

発行者／今井博揮
発行所／株式会社 ナチュラルスピリット
〒101-0051 東京都千代田区神田神保町3-2 高橋ビル2階
TEL 03-6450-5938　FAX 03-6450-5978
info@naturalspirit.co.jp
https://www.naturalspirit.co.jp/

印刷所／中央精版印刷株式会社

ISBN978-4-86451-505-4 C0011

既刊書のご案内

人間は宇宙船だ★

次元を越えて隣の地球へ

松村 潔 著

四六判・並製／定価 本体 2600 円+税

意識の不死を望むなら、さあ、急げ！

グルジェフ宇宙論やシュタイナー＆ズスマン 12 感覚論をベースに、知的非物質存在から得た高次の知識と体験を踏まえ、織り上げられる鈍重で悲惨な地球脱出のための、神秘主義思想の第一人者による神秘哲学。

夢を使って宇宙に飛び出そう★

存在の４つのフェイズを縦横無尽に探究する

松村 潔 著

四六判・並製／定価 本体 1850 円+税

夢を使って、複数の層を渡り歩く

シフトした地球に住むということは、物質的ではあるものの、いままでの地球の平均水準の肉体とは違うということ。その肉体のシフトの方法について、夢の体験の中で探索するということを松村氏は提唱しています。

お近くの書店、インターネット書店、および小社でお求めになれます。

●新しい時代の意識をひらく、ナチュラルスピリットの本（★…電子書籍もございます）

既刊書のご案内

●新しい時代の意識をひらく、ナチュラルスピリットの本（★…電子書籍もございます）

分身トゥルパをつくって次元を超える★

秘教の体系と神秘体験から見出した不死の身体とは

松村 潔 著

四六判・並製／定価 本体 1850 円+税

死を超克するための究極のメソッド！

分身トゥルパの秘密、即身仏の謎がいま解かれる！ 人間は別次元に不死の身体をつくることはできるのか？ 21 世紀の「死者の書」とも言える、死を乗りこえるための方法論と存在の神秘。

精神宇宙探索記

変性意識を使って訪れた星雲界で見つけたものとは

松村 潔 著

四六判・並製／定価 本体 1850 円+税

変性意識状態で旅する、深遠なる宇宙のツアーガイド！

生命の樹、タロット、シュタイナー、グルジェフ……古来の叡智と知識、自らの変性意識による探索と、超人的な思索と驚異的な体験から導き出された、新たな実践的神秘哲学がここにあります！

お近くの書店、インターネット書店、および小社でお求めになれます。